magic Bingo

매직빙고 속의 마방진

김종락 · 박장훈 · 김경은 · 한석원 지음

KYOWOO

김종락

김종락은 포항공대 수학과와 서울대 수학과 대학원을 졸업한 후 일리노이 주립대(시카고)에서 부호론과 조합론 분야 박사학위를 받았다. 박사 졸업 후 캐나다에서 Kirkman 메달(조합론 분야)을 한국인 최초로 받았다. 켄터키주 루이빌 대학교에서 부교수까지 지내다가 2012년 한국에 후학을 기르기 위해 서강대로 와서 현재 교수로 있다. 요즘은, 부호론 뿐만 아니라 암호론, 머신러닝, 산업수학 등에 활발한 활동을 하고 있다. 또한 수학교육에 새바람을 주고자 수학게임 전문회사인 (주)감성수학레드를 설립하였다.

박장훈, 김경은, 한석원

박장훈, 김경은, 한석원은 서강대 수학과에 재학중이다. (주) 감성수학레드에서 인턴으로 근무하면서 수학이 기초를 넘어서 사업화될 수 있다는 것을 경험했다. 앞으로 머신러닝과 같은 수학의 응용분야를 계속 공부할 예정이다.

매직 빙고 속의 마방진

2017년 1월 5일 초판 인쇄
2017년 1월 10일 초판 발행

지은이 김종락, 박장훈, 김경은, 한석원
발행자 오판근
발행처 (주)교우

주 소 서울특별시 동대문구 약령시로 8 교우빌딩 2층
전 화 925-2861~2, 편집부/925-2825, 홈쇼핑/969-5762
팩 스 925-2860

이메일 kyowoo@kyowoo.co.kr
북스토어 www.kyowoo.co.kr

등 록 1994.3.24 제1994-000013호

ISBN 979-11-251-0180-2(13400)
값 18,000원

Magic Squares in MagicBingo

PREFACE

머리말

초등학교 6학년 때 일입니다. 반에서 똑똑하다는 소리를 듣는 친구가 문제를 냈지요. 가로 3칸, 세로 3칸으로 이루어진 정사각형에 숫자 1~9를 한 번씩만 넣어서 가로 합, 세로 합, 그리고 두 대각선의 합이 15가 되도록 만들라는 것이었습니다. 저를 포함해서 아이들이 시도했지요. 한참을 헤매었지만 아무도 답을 찾지는 못했습니다. 이 잘난 친구는 우리가 가엽다는 듯이 정답을 알려주며 이런 숫자로 이루어진 도형을 3차 마방진이라고 했습니다. 그리고는 4차 마방진이라는 것도 있으니 한 번 찾아보라고 했어요. 전 3차 마방진의 답을 못 맞히어 자존심이 상했던 터였죠. 그래서 4차 마방진의 해를 찾아보자고 결심했습니다. 그리고는 1주일동안 방안에 틀어 박혀 연습장 몇 권을 채울 즈음 4차 마방진의 해를 찾아낸 것입니다.

이 사건은 저의 인생을 바꾸는 계기가 되었습니다. 얼마 전까지 학교에선 점심때가 되면 밖으로 나가 공차기를 했고 집에서도 동네 친구들과 저녁 늦게까지 노는 것이 저의 일상이었습니다. 그런 생활 패턴에서 1주일간 모든 걸 차단했습니다. 오직 4차 마방진의 해법을 찾아내겠다는 일념. 그 후로 제가 변했습니다. 제가 스스로 무언가에 대한 해답을 얻을 수 있다는 걸 알았던 거죠. 저에 대한 자신감 내지는 무한한 신뢰가 들었습니다. 그런 경험이 지금까지 수학을 업으로 하는 사람으로 만들었습니다.

현재 우리나라 아이들은 유치원 때부터 숫자 세는 법은 물론, 한자리 수 덧셈과 뺄셈, 도형 구별하기, 그리고 시계 읽는 법 등을 배웁니다. 앞으로 꼭 필요한 것이니 학교에서 배우기 전에 미리 배우는 것은 그리 나쁘진 않겠죠. 하지만 아이들에게 수에 대한 친밀한 느낌 대신에 주입식으로 수를 이해시키고 있습니다. 그렇게 불완전하게 학습된 수에 대하여 다시 추상적인 덧셈과 뺄셈으로 내몰고 그를 바탕으로 시계 보는 법을 빨리 가르쳐 주려고 하고 있습니다. 일부 성숙한 아이들을 제외하고 수와의 첫 만남이 이처럼 꼬여 있습니다. 이런 아이들이 초등학교에 들어가면 다시 추상적인 수학적 개념을 접하게 됩니다. 맘이 급한 학부모들은 아이들에게 개념이 완전히 스며들기도 전에 다시 선행이나 암기식으로 점수를 올리려고 하고 있습니다. 이런 악순환이 결국 초등학교 6학년 36%, 중학교 3학년 46%를 수학 포기자로 전락시켜버립니다. 매년 새로운 정책이 시행되지만 이러한 비율은 좀처럼 낮아질 것 같지는 않습니다.

본 책의 목적은 '게임을 통해 수학과 친해지기'입니다. 그 중에서 본인이 어릴 적 감동을 받았던 3차 마방진을 활용하여 이른바 '매직빙고'라는 게임으로 시작합니다. 같은 반 친구들 혹은 가족과 함께 게임을 하며 이야기도 나누고 승부욕도 불사르면 재미있을 것입니다. 게임을 이해하는 데는 초등 1학년 정도면 충분합니다. 그러나 그 게임 너머에 있는 수학적 지식이 궁금해진다면 이 책을 펼쳐보면 됩니다. 초등학교 고학년 혹은 중학생들에게 마방진에서 시작된 다양한 수학적 개념이 자연스럽게 소개됩니다. 조선시대 영의정을 지낸 최석정이라는 수학자로부터 피뢰침 발견으로 유명한 벤저민 프랭클린

까지 마방진을 즐겼다는 사실이 소개됩니다. 또한 도형으로 이루어진 기하 마방진의 세계에도 안내합니다.

이 책은 총 12교시로 이루어져 있습니다. 초등학교 방과 후 수업 혹은 중학교 자유학기제로 쓰일 수 있도록 나누어 놓았습니다. 또한 고등학교 체험학습 교재로도 사용가능합니다. 각 교시는 1시간 정도 수업활동이 가능하도록 짜여있고 맨 마지막에는 탐구문제가 소개됩니다. 이 책을 활용하려는 교사는 책의 지식을 전달하기 보다는 학생들이 내용을 체득을 할 수 있도록 안내하는 역할을 했으면 합니다. 학생들은 수학을 공부한다는 생각보다 수와 도형을 갖고 논다고 생각했으면 좋겠습니다. 채워지지 않은 13장에는 독자 여러분들이 발견한 새로운 아이디어로 채우기 바랍니다.

이 책은 (주)감성수학레드에서 인턴으로 근무하던 서강대학교의 박장훈, 김경은, 한석원 학생 도움으로 가능했습니다. 또한 초기 원고를 훌륭하게 편집 디자인 해준 교우사 출판사에게 감사하다는 말씀을 전합니다. 혹시 내용상의 오류나 코멘트가 있으면 feelmathred@gmail.com으로 연락해주길 바랍니다. “Google Play”에서 ‘매직빙고’ 혹은 ‘MagicBingo’라고 치시면 매직빙고 앱도 즐길 수 있습니다. 그럼 이제 보드게임과 수학의 세계에 서서히 발을 들이기 바랍니다.

서울 노고산 자락에서 김종락

매직빙고 속의 마방진 소개글

마방진에 대한 이야기는 많이 읽어 보았지만 눈에 잘 들어오지 않았다. 감탄스러운 결과들이 있지만 시행착오를 한참하다 우연히 걸린 것이겠지 라고 생각하고 지나쳐 버렸다. 이 책에는 그전에 어렵게 여겨졌던 복잡한 내용들이 자연스럽게 눈 안에 들어 왔다. 이 책을 읽어 나가며 수를 가지고 만들 수 있는 재미있는 세계로 갈수 있는 문이 열리고 있다고 여겨졌다. 이전에는 어렵고 장난스럽게 여겨졌던 마방진이 이렇게 감동적으로 여겨지는 건 아마도 마방진을 사랑하고 정말 이해하고 있는 사람이 자신이 느낀 감동대로 안내해 주고 있기 때문이라 여겨졌다. 이제 막 덧셈을 익힌 아동부터 수학에 익숙한 사람들까지 각자의 수준에 알맞게 누릴 수 있고, 자신의 생각의 깊이가 성장하는 대로 새롭게 재미를 발견할 수 있는 책이다. 앉은 자리에서 3번을 반복해서 보았다. 또 보려 하는 건 볼 때 마다 새롭게 발견하고 느끼는 마방진의 신비가 있었기 때문이다.

– 윤원준 교사(홍천여자고등학교)

마방진!, 어렸을 때 한 번쯤은 들어보거나 경험해봤을 주제다. 그런데 마방진을 이용한 카드게임이 있다는 사실을 알고 있는가? 놀랍게도 국내 수학교수님이 만드셨는데 직접 카드게임 속에 숨어있는 마방진의 수학적 원리를 매우 친절하고 쉽게 설명해주고 있다.

3x3의 기본적인 마방진에서 출발하여 그 원리와 마방진을 만드는 수학적인 여러 방법들을 서두르지 않고 중학생이면 충분히 따라갈 수 있게 설명되어 있다. 그리고 책의 중반을 넘어가면 동양에서 연구된 특히, 조선시대 수학자 최석정이 지은 〈구수략〉과 그가 연구했던 9차 직교라틴방진에 대한 이야기가 옛날이야기처럼 재미있게 소개돼있어 수학교사인 내가 먼저 꼭 읽어야겠다는 생각을 하게 됐다. 페이지마다 생각을 정리할 수 있는 여백과 적절한 탐구문제 또한 여러분을 마방진에 깊이 몰두하게 만들 것이다. 자~ 함께 책 속으로 들어가 볼까요?^^

– 박대원 교사(대성여자고등학교)

마방진 속에 감추어진 수학적 이론과 원리는 참으로 놀랍습니다. 자연수와 정수들 속에 담겨있는 진정한 수학적 아름다움을 느끼게 해줍니다. 패턴의 규칙성을 찾는 일이야말로 수학적 사고의 시작입니다. 마방진을 이해하고나면 이러한 패턴의 규칙과 수학적 사고의 관계를 쉽게 이해할 수 있습니다.
이 책은 이러한 마방진에 대한 포괄적이고도 다양한 내용을 담고 있지만 (초등학교 고학년 수준이면) 누구나 이해할 수 있는 쉬운 언어를 사용하고 있습니다. 누구라도 이 책을 즐길 수 있습니다. 반면에 이 책에서 다루는 수학적 수준이 그렇게 만만치 않습니다. 이 책에 설명된 주제와 내용을 따라서 생각하는 버릇을 훈련한다면 수학적 감수성 향상은 물론이고 실질적으로 수학적 이론 전개의 기본 구조를 이해하게 될 것입니다. 이는 향후 수학에 대한 진지한 사랑으로 이어질 것으로 확신합니다.

– 송홍엽 교수(연세대 전기전자공학부)

우리나라 학생들의 수학 성취도는 세계 최고 수준인데 반해 수학에 대한 흥미도나 자신감은 최하위 수준입니다. 많은 교과 과목 중 유독 수학을 포기하는 학생이 많아 "수포자"라는 말이 생겨날 정도로 많은 사람들이 수학에 거부감을 가지고 있습니다. 이 책은 매직빙고라는 카드 게임을 이용함으로써 수학을 쉽고 재밌게 접할 수 있게 하였습니다. 마방진에 대한 개괄적 설명과 수학 이론이 쉬운 언어로 쓰였기 때문에 거부감 없이 책을 즐길 수 있으며, 책의 과정을 따라 하다보면 수학적 사고력 향상에도 큰 도움이 될 것이라 생각합니다.

– 황형주 교수(포항공대 수학과)

이 책은 마방진을 매직빙고라는 게임의 세계로 안내한다. 즉 매직빙고는 마방진 속에서 짝을 맞추면서 한 개의 빙고를 완성시키되 자신의 전략으로 더 많은 점수를 획득해야 이긴다. 그러나 그것이 다가 아니다. 이 책은 게임을 통해 친숙해진 마방진에 대하여 한술 더 뜬다. 그 안에 담긴 역사는 물론 학교에서 암기식으로만 배웠던 자연수의 합 공식, 일차 방정식, 회전과 대칭이동 등 대수와 기하를 넘나들며 설명하고 있다. 저자는 수학자로서는 드물게 수학 스타트업인 (주)감성수학레드을 만들었다. 부디 이 대중서를 통하여 더 잘 알려졌으면 하는 바램이다.

– 이상구 교수(성균관대학교 수학과)

이 책은 마방진에 대하여 전반적으로 소개한 책으로, 읽다보면 어느새 푹 빠져들어 끝까지 읽게 되는 매력을 가지고 있다. 수학에 대한 흥미가 절로 나는 책이라고 할까? 우리가 흔히 아는 기본적인 마방진 뿐 아니라 다양한 형태의 마방진에 대하여 소개하고 그 속에 숨어있는 수학적인 원리들을 쉽게 설명하며 이와 관련된 흥미로운 이야기까지 담아낸 매우 유익한 책이다. 이 책을 읽는 모든 분들이 수학의 매력에 흠뻑 취하길 바라며...

– 이영란 교수(서강대 수학과)

"지수귀문도"
암호 같아 보이는 이 말은 조선시대 우리나라의 수학자 최석정이 만든 마방진의 이름이라고 합니다. 수학이라고 하면 대부분 서양의 수학을 떠올리게 되는데, 조선시대에 이미 위대한 수학자가 있었다고 하니 뿌듯한 생각이 듭니다.
이 책에는 학생들이 쉽게 도전할 수 있는 3×3 마방진부터 수학의 창의성과 아름다움을 느낄 수 있는 지수귀문도에 이르기까지 다양한 마방진을 소개되어 있습니다. 이 책을 읽는 내내 어느 한 순간이라도 책에서 눈을 땔 수 없을 만큼 마방진의 세계에 푹 빠져 들었습니다.
책을 읽다보면 초등학생이나 중학생이 이해하기에는 다소 어렵고 생소한 수학용어나 기호가 등장하지만 책을 읽을 때 크게 걱정하지 않아도 될 것 같습니다. 이 책을 자주 꺼내어 읽다보면 어느 순간 수학용어나 기호의 의미를 '아하!'하고 이해할 수 있을 때가 오기 때문이지요.
마방진은 가장 유행하였고 많은 사람들이 도전하였던 수학퍼즐입니다. 여러분도 마방진의 세계에 푹 빠져보는 것은 어떨까요?

– 김남준 교사(서울불암초등학교 수석교사)

마방진은 동서양을 막론하고 오래 전부터 수많은 관심을 일으켜온 수학적 대상입니다. 우리나라 수학자 최석정은 '구수략'에서 9차 마방진을 소개하였고, 수학의 다양한 분야에서 엄청난 논문을 발표한 오일러도 마방진에 관심이 많았다고 하죠. 그만큼 마방진은 수학자들에게 재미있는 연구대상이었습니다. 이 책은 마방진을 소재로 만든 보드게임인 '매직빙고'에 사용된 마방진의 기본원리 및 이를 토대로 한 다양한 수학적 내용을 재미있게 풀어쓴 책입니다. 뿐만 아니라 마방진의 역사와 흔히 접해보지 못한 신기한 마방진도 소개하고 있어서 읽고 나면 마방진의 새로운 매력에 빠져들게 될 것입니다. 재미있는 수학을 경험하고 싶은 분들에게 이 책을 추천합니다.

– 이학렬 교사(상우고등학교)

4차 산업혁명의 시대의 도래와 인공지능을 활용한 세상이 다가오고 있는 시점에서, 단순한 수학 지식의 나열과 축적은 무의미해지고 있다. 그런 면에서 이 책은 프로젝트 기반의 학습의 적절한 예를 제시해 준다. 쉽게 접할 수 있는 게임인 '매직빙고'를 통해 그 속에 내재되어 있는 마방진의 원리를 알 수 있고, 마방진의 원리를 이해하기 위한 수학 개념을 그림으로 설명하고 있어 초등학교 저학년이라도 누구나 이해할 수 있도록 구성하였다. 또한 다양한 마방진의 옛이야기와 원리까지 마방진의 전반적인 소개를 재미있고 체계적으로 잘 다루고 있다.
'매직빙고 속 마방진'은 수학에 대한 흥미를 저절로 나게 하는 디자인과 구성으로 짜임새 있게 잘 쓰여진 책으로, 재미있는 게임에서 시작해서 그 속에 숨은 수학원리의 이해와 다양한 마방진의 소개에 이르기까지 자연스러운 생각의 확장을 경험할 수 있었다.

– 어윤희 박사(서울대 산업수학센터)

'매직빙고'는 사실 마방진에 대한 사전지식이 없더라도, 여느 보드게임과 같이 게임 규칙만 잘 이해하면 진행할 수 있는 게임입니다. 비교적 단순한 방법에 의해 게임을 몇 차례 진행하다보면, 자연스럽게 '마방진'에 대한 궁금증이 생기게 되지요. 그렇게 마방진의 규칙, 마방진을 만드는 방법 등 '마방진의 세계'에 들어갈수록, 놀랍고도 흥미로운 수학이야기들을 접하게 됩니다. 특히, 이 책은 세계의 여러 가지 마방진과 흥미로운 기하마방진까지 수록하고 있어, 초등학생들은 물론, 중 · 고등학생들의 호기심을 유발하고 배움의 즐거움을 충족시킬 수 있으리라 생각됩니다. 학생들을 지도하는 교사들 또한 '마방진의 흥미로움'을 새삼 느끼고, 수학을 '친근하게' 지도하시는 데에 도움이 되지 않을까 합니다.

– 정민영 교사(별가람고등학교)

수학을 어려워하거나 싫어하는 학생들이 많이 있습니다. 그러나 수학을 게임처럼 재미있게 즐기다보면, 수학이 좋아지게 되고 수학이 필요하다는 것을 느끼게 되리라고 생각합니다. 그러면 차츰 수학을 스스로 공부하게 되지요.

이 책은 마방진에 대한 전반적인 소개 책입니다. 마방진은 기원전 3000년경 중국 하나라 때부터 시작됩니다. 자연수들의 덧셈만으로 간단히 만들어진 것이지만, 그 속에는 여러 가지 재미있고 신비로운 현상이 숨어 있습니다.
이 책에서는 마방진, 지수귀문도, 기하마방진 등에 대한 소개뿐만 아니라 다양한 마방진을 만드는 방법도 소개되어 있으므로 마방진에 대하여 즐겁게 탐구해나갈 수 있습니다. 더구나, 저자가 만든 매직빙고 게임을 친구들과 같이 하다보면 시나브로 '게임을 통해 수학과 친해지기'를 기대하는 저자의 바람도 이루어지리라 생각합니다.

– 김병수 교수(서울과학기술대학교 수학과)

3차 마방진을 활용한 매직빙고 게임! 계산할 필요 없이 주어진 카드와 가져오는 카드를 매칭시킴으로써 전략적으로 원하는 빙고를 만드는 비교적 간단한 게임이다. 따라서 나이가 어린 아이들도 즐겁게 수를 가지고 놀 수 있는 게임이며, 게임에 그치지 않고 아이들의 수준별 또는 관심있는 주제별로 골라서 수학적 아이디어를 찾을 수 있도록 소개된 이 교재는 더욱 게임을 풍성하고 의미있게 만들어주는 듯하다. 평범하고 단순한 게임 속에 있는 많은 수학적 아이디어를 발견하는 것은 매우 흥미로울 수 있으며, 책에서 소개된 다양한 마방진은 누구나 쉽게 다가갈 수 있는 게임이며, 수적 감각을 키울 수 있는 좋은 소재이다.

– 황윤희 교사(홍천여자중학교)

매직빙고를 즐기다보면 자연스럽게 마방진에 대한 호기심이 생깁니다. 마방진에 담긴 원리를 다양하고 깊게 알고자 할 때, 이 책은 나침반 역할을 할 것입니다. 문제를 스스로 풀었을 때의 쾌감을 경험했다는 학생들이 수학을 좋아하고 자기주도력이 높다는 것을 학교 현장에서 확인했습니다. 이 책으로 다양한 마방진에 도전하여 문제를 풀었을 때의 쾌감을 느끼면서 자기 수준에 맞는 부분(학년에 따라)을 혼자 힘으로 이해하며 읽다보면 수학적 힘이 부쩍 향상되었음을 느낄 수 있으리라 생각됩니다.
아울러 중고등학교 자율동아리 학생들이 마방진 연구를 하며 공부하기에 좋은 책이라고 추천합니다.

– 이현희 교사(화홍고등학교)

이 책은 마방진에 대한 전반적인 소개책으로, 마방진을 사용하는 간단한 게임을 통해 그 안에 숨겨진 수학적인 원리를 찾아가는데 도움을 주도록 구성되어 있습니다. 마방진은 깊은 역사를 가진 조합론적 대상으로서, 최근에는 암호학 및 부호이론 등 다양한 인접 분야에도 응용되고 있습니다. 그럼에도 불구하고, 마방진은 간단한 덧셈만 할 수 있으면 이해할 수 있기 때문에, 수학에 어려움을 느끼는 학생들도 쉽게 마방진의 원리에 접근할 수 있으리라 생각됩니다.
이 책은 마방진을 단순한 퍼즐로만 접근하지 않고, 이 구조 안에 숨겨진 여러 가지 흥미로운 성질들을 관찰하며, 이들에 대한 엄밀한 증명도 놓치지 않고 있습니다. 이 책을 통하여 독자들은 수학이라는 학문이 마냥 어렵고 추상적인 것이 아니라 게임처럼 우리의 일상에서 함께 할 수 있다는 것을 느낄 수 있으리라 기대합니다.

– 이주영 교수(카이스트 정보보호대학원)

차 례

"저의 머리 핀이 인테그랄을 닮아서 '라리'라고 해요."

CONTENTS

9 교시 다양한 마방진 즐기기 / 69

10 교시 짝수 차 마방진 즐기기 / 73

11 교시 기하마방진 / 83

12 교시 프랭클린 마방진 / 91

1 교시

매직빙고 게임 엿보기

자, 일단 게임부터 한번 해볼까요? 먼저, 매직빙고 게임은 쉽게 말해서 마방진 속에서 짝을 맞추는 게임입니다. 주어진 카드를 자신의 카드와 맞춰 한 개의 빙고를 완성시켜야 하죠! 그러나 최종점수를 위해 전략적으로 카드를 안 가져올 수도 있다는 점에서 단순히 짝을 맞추는 게임과는 다릅니다. 다음 게임 방법을 참고하여 게임을 해볼까요?

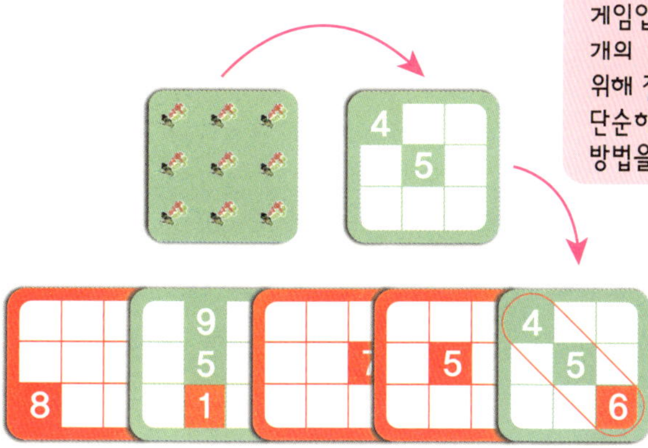

마방진을 통해 즐기는 빙고게임!

1. 빙고를 모두 맞추어 점수가 높은 사람이 승리합니다.
2. 전략적으로 빙고를 맞춰 점수를 쌓아보세요!

*동영상 해설은 www.feelmathred.com을 참고하세요.

구멍이 뚫린 초록카드와 딱 맞는 빨강카드를 포개어 빙고를 완성해보자!

게임방법

1. 시작할 사람과 진행 방향을 정합니다.
2. 초록카드와 빨강카드를 나눈 뒤 각각의 카드를 잘 섞습니다.
3. 초록카드를 가운데에 뒷면이 보이도록 놓고, 각 참가자에게 빨강카드를 나눠줍니다.
4. 명수에 따라 빨강카드를 공평하게 나눠 갖습니다. **2명이라면 12장씩, 3명이라면 8장씩, 4명이라면 6장씩** 나눠 가집니다.

〈3인 플레이의 예〉

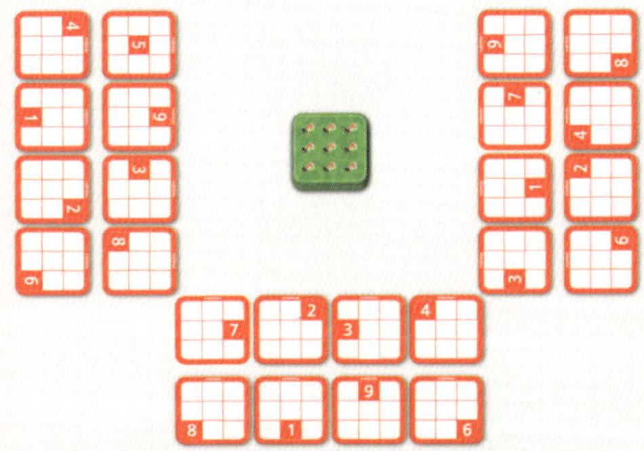

5명 이상이 게임을 하고 있다면 최대 4장씩 나눠 갖습니다.

5. 맨 처음 시작하는 사람은 초록카드를 맨 위에서 한 장 뒤집습니다.

6 뒤집은 초록카드가 빙고가 되는지 확인하고 빙고를 맞출 수 있습니다.

빙고를 맞출 수 없거나 맞추지 않을 경우 모두가 볼 수 있도록 펼쳐놓습니다.
*빙고가 되어도 자신만의 전략에 따라 빙고를 맞추지 않아도 됩니다.

7 그 다음, 자신의 차례를 다음 사람에게 넘깁니다.

8 차례가 된 사람은 먼저 뒤집힌 초록카드 중 맞출 수 있는 빙고가 있는지 확인합니다.

빙고가 가능한 카드가 있으면
카드를 가져와 빙고를 맞출 수 있습니다.

9 그 다음, 이전과 같이 초록카드를 뒤집어 빙고를 맞출지를 결정합니다.

10 이와 같이 돌아가면서 진행하다가 맨 처음 빙고를 모두 완성한 사람은 더 이상 진행할 수 없지만, 다음으로 모두 빙고를 완성한 사람이 나올 때까지 **자신의 차례가 올 때마다 1점씩을 추가**로 받습니다.

11 **초록카드중에 마방진이 모두 완성된 카드를 조커카드**라고 합니다. 이 카드를 초록카드에 포함시켜 게임을 할 수 있습니다.

〈조커카드〉

*조커카드는 모든 빨강카드와 포개어 원하는 모양의 빙고를 선택해 맞출 수 있습니다.

예를 들어, 빨강카드 4와 조커카드로 빙고를 맞추면 위 세 가지 빙고 모양 중 하나만 선택해서 맞출 수 있습니다. 아무리 조커카드라도 빨강카드 4와 전혀 관계가 없는 빙고가 나올 수 없답니다!

12 모든 사람이 빙고를 완성하면 게임이 끝납니다. 완성된 빙고와 1등 보너스점수를 합하여 점수 계산을 하여 1등을 결정합니다.

*먼저 빙고를 완성한다고 항상 이기는 것은 아닙니다.
점수 규칙에 따라 가장 높은 점수를 받는 사람이 이기기 때문입니다!

점수규칙

빙고

〈정상적인 빙고〉 〈열, 행 또는 대각선이 성립되지 않는 경우〉 〈이미 빙고가 된 카드는 추가로 빙고를 맞출 수 없다〉

각 행이나 열, 그리고 대각선의 합이 15가 되어야 빙고가 될 수 있습니다.

하나의 빙고줄마다 1점씩입니다. 빙고가 3개라면 3점이 됩니다.

풀빙고

서로 다른 가로 세 줄 또는 세로 세 줄로 전체를 만들 수 있을 경우를 풀빙고라고 하며, 기본 점수에 추가로 **보너스 점수 6점**을 받습니다.

크로스빙고

서로 다른 빙고로 대각선 두 줄을 완성했을 경우를 크로스빙고라고 하며, 기본 점수에 추가로 **보너스 점수 4점**을 받습니다.

점수계산 예시1

1점 +1점 +1점 +1점

빙고 4개(중복 제외) 기본점수 4점

총 4점

단, 같은 모양의 빙고가 있을 경우, 하나의 빙고로 인정하여 1점으로 생각합니다. 위의 그림에선 같은 빙고가 있으므로 5점이 아니라 4점입니다.

점수계산 예시2

빙고 5개 기본점수 5점 + 풀빙고 보너스점수 6점

총 11점

이 빙고는 겹치는 모양이 없고 세로풀빙고가 완성이 되었으므로 기본점수 5점과 보너스점수 6점이 합쳐져 11점이 됩니다.

점수계산 예시3

빙고 8개 기본점수 8점 + 풀빙고 2개 보너스점수 12점 + 4점

총 24점

이 빙고는 겹치는 모양이 없고 가로풀빙고, 세로풀빙고, 크로스빙고가 완성되었으므로 기본점수 8점과 보너스점수 12점, 4점이 합쳐져 24점이 됩니다.

2 교시

매직빙고 속 수학 교과서 맛보기

1 각 줄의 합 = 15

첫 번째로 살펴볼 것은 매직빙고에 쓰인 3차 마방진에서의 규칙입니다.

마방진이란 자연수를 정사각형 모양으로 나열하여 가로, 세로, 대각선 속의 합이 모두 같아지는 것을 말합니다. 아래의 3차 마방진을 살펴보면 각 줄의 합이 모두 15로 같다는 것을 쉽게 확인할 수 있습니다.

4	9	2
3	5	7
8	1	6

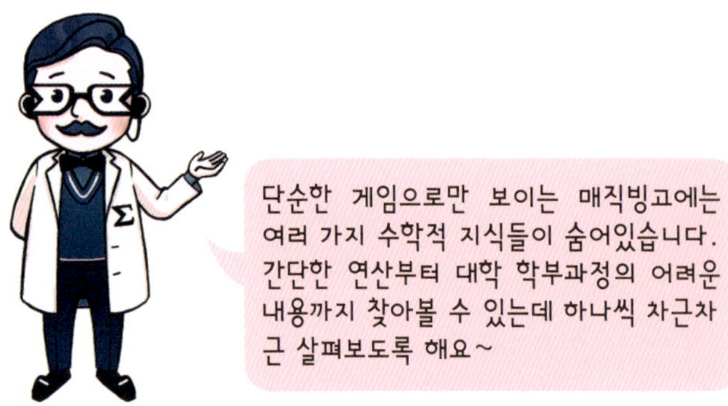

와~ 라리야 이것봐! 정말 신기해. 그러니까 3차 마방진에서 항상 각 줄의 합은 15가 된다는 말씀이시죠?
음..난 조금 이해가 가지 않는걸? 선생님! 어떻게 각 줄의 합이 항상 15가 되는 거죠?
허허, 라리가 궁금한 게 참 많군요. 자, 각 줄의 합이 왜 15가 되는 걸까요? 다음과 같은 간단한 사칙연산을 통해 알 수 있어요.

마방진 속의 모든 수의 합은

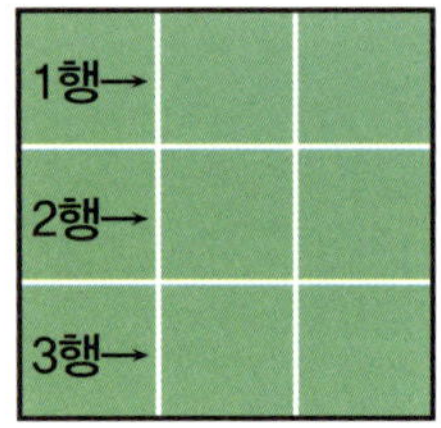

$$1+2+3+4+5+6+7+8+9=45$$

가 되며 이를 통해

$$1\text{행}+2\text{행}+3\text{행}=45$$

임을 알 수 있습니다.
마방진이 되기 위해서는 각 행의 합과 각 열의 합이 모두 같아야 하므로

$$x=1\text{행합}=2\text{행합}=3\text{행합}$$

이 됩니다. 따라서

$$3x=45$$

이므로 각 행의 합 x는 45를 3으로 나눠준 15가 됨을 알 수 있습니다. 같은 방법으로 열의 합이 15가 되는 것을 쉽게 확인할 수 있습니다.

2 가운데=5

자. 여기서 문제를 하나 내볼게요. 1부터 9까지의 3차 마방진에서 가장 중앙에 5가 아닌 다른 수가 들어갈 수 있을까요?
음..전 가능할 거 같은데요? 9개의 숫자 중에 다른 수도 들어갈 수 있을 것 같아요.
아니요. 안 될거 같아요.

a	b	c
d	e	f
g	h	i

마방진 속의 모든 수의 합은

$$a+b+c+d+e+f+g+h+i=45$$

가 되는 것을 앞서 확인했습니다.

마방진에서의 2행과 2열 그리고 두 대각선 속의 수를 합해주면 다음과 같은 결과를 얻을 수 있습니다.

2행 합 $d+e+f=15$

2열 합 $b+e+h=15$

대각선 합 $a+e+i=15$

$c+e+g=15$

$$2\text{행}+2\text{열}+\text{두 대각선}=a+b+c+d+e+e+e+e+f+g+h+i=15+15+15+15=60$$

구해진 값에서 마방진 속의 수를 한 번씩 빼주면

$$(a+b+c+d+e+e+e+e+f+g+h+i)-(a+b+c+d+e+f+g+h+i)=3e$$

이며 $3e$의 값은 60에서 45를 빼준 15가 됩니다.

우리는 가운데의 e의 값이 5가 됨을 알 수 있습니다.

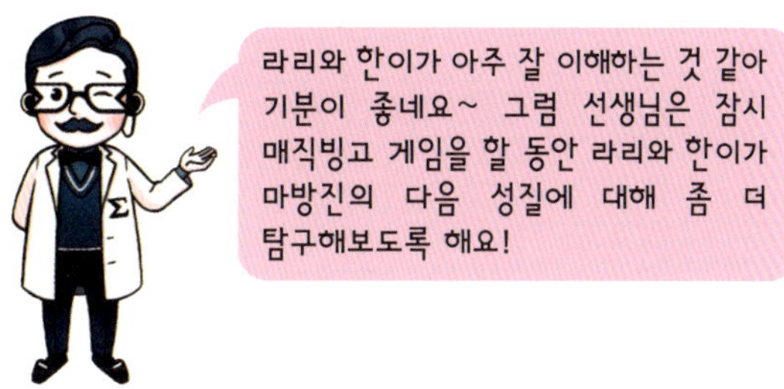

3 각 모서리는 짝수, 대각선에 4,5,6 존재

먼저 모서리인 a의 위치에 1이 들어간다고 가정합시다.

a=1	b	c
	e=5	
		i=9

$$a+e+i=15$$

이며 $a=1$, $e=5$이기 때문에 $i=9$가 될 것입니다.

$$a+b+c=15$$

를 만족시키기 위해서 $b+c=14$가 되어야 합니다.
하지만 9는 이미 i에서 쓰였기 때문에 b와 c에 들어갈 수 있는 수는 6과 8이 됩니다.
$i=9$이기 때문에 c에 6이나 8의 값이 들어가면 세로줄의 합이 15를 넘게 됩니다.
즉, 1을 모서리에 넣을 경우 마방진이 완성되지 않습니다.

이번에는 1을 모서리가 아닌 b의 위치에 넣어볼까요?

$$b+e+h=15$$

이며 $b=1$, $e=5$이기 때문에 $h=9$가 됩니다.

$$a+b+c=15$$

를 만족하기 위해 a와 c에 6과 8이 들어가게 됩니다.
a의 위치에 6을, c의 위치에 8을 넣습니다.

a=6	b=1	c=8
	e=5	
g=2	h=9	i=4

$$a+e+i=15$$
$$c+e+g=15$$

두 가지 식을 만족하기 위해 $i=4$, $g=2$가 됩니다.
결과적으로 각 모서리에는 모두 짝수가 존재하며 왼쪽 위 방향으로 4,5,6의 대각선이 존재하는 것을 확인할 수 있습니다.
1의 위치와 6, 8의 위치에 따라 마방진의 모양이 바뀌기 때문에 4,5,6의 대각선의 위치도 달라질 수 있습니다.

탐구문제 0~8로 이루어진 3차 마방진을 만들어 보세요. (힌트: 각 줄의 합은 12입니다.)

3 교시

1+2+⋯+n 자연수의 합

일반적으로 1부터 자연수 n까지의 합은 $\frac{n(n+1)}{2}$가 됩니다. 이를 증명할 수 있는 방법은 여러 가지인데 그 중 몇 가지를 소개합니다.

1 기하학적 증명

① 고대 그리스인(마틴 가드너 인용)

1개부터 n개까지의 바둑돌을 층층이 쌓으면, 계단과 같은 모양이 나옵니다. 이와 같은 모양을 180° 회전시켜 합쳐보면 사각형이 만들어집니다. 1부터 n까지의 합은 이 사각형 안에 있는 바둑돌 개수의 절반으로 구할 수 있습니다. 즉,

$$1+2+\cdots+(n-1)+n=\frac{n(n+1)}{2}$$

의 식이 산출됩니다. 예시로 1부터 6까지의 합을 기하학적 방법으로 구해볼까요? 1개부터 6개까지의 바둑돌을 계단모양으로 쌓으면 아래와 같은 모양이 나옵니다.

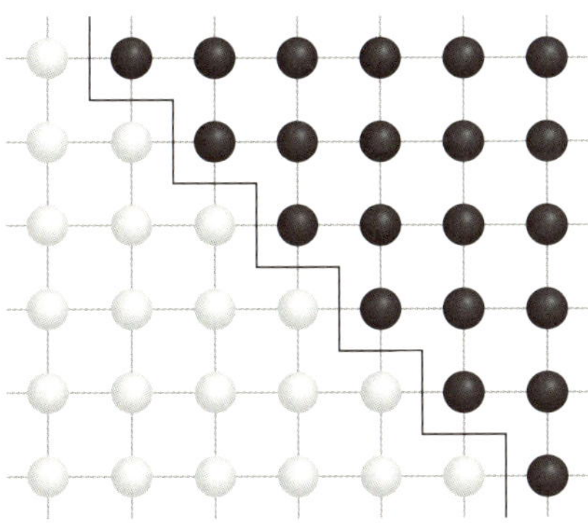

$1+2+\cdots+n=\frac{1}{2}n(n+1)$

1개부터 6개까지의 바둑돌을 쌓은 모형을 두 개 합쳐 놓은 사각형

② 이언 리처즈(Ian Richards)

마찬가지로 1개부터 7개까지의 정사각형을 계단모양으로 쌓습니다. 이때 사각형은 한 변의 길이는 1, 넓이는 1인 정사각형으로 모두 같습니다. 따라서 1부터 7까지의 합은 계단 모양의 넓이와 같습니다.

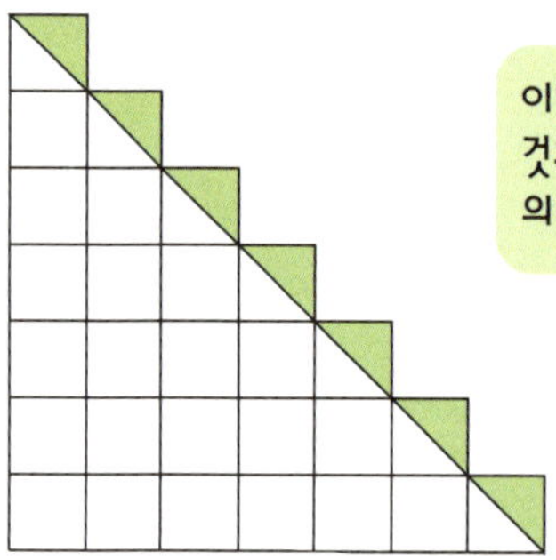

$1+2+\cdots+n=\frac{n^2}{2}+\frac{n}{2}$

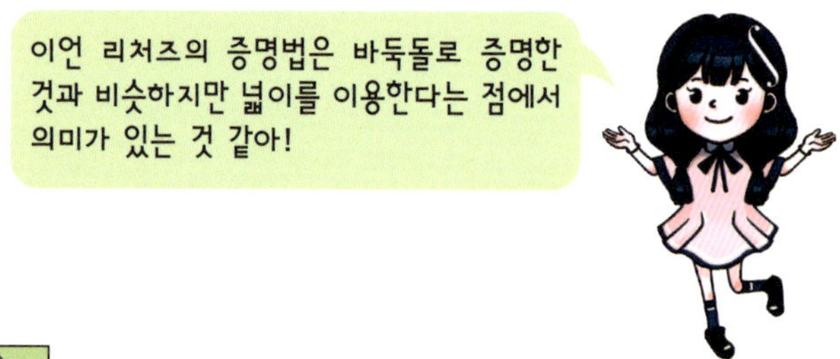

1개부터 7개까지의 정사각형을 계단 모양으로 쌓은 모습

이제 이 모양을 위와 같이 하나의 큰 (이등변)삼각형과 7개의 작은 (이등변)삼각형으로 나누면, 넓이를 쉽게 계산할 수 있습니다. 큰 삼각형의 넓이는 $7\times\frac{7}{2}$이고, 7개의 작은 삼각형의 넓이는$7\times\frac{1}{2}$이 됩니다. 따라서 전체 넓이는 $7\times\frac{7}{2}+\frac{7}{2}$입니다. 이를 n개까지의 정사각형으로 일반화 시켜보면,

$$1+2+\cdots(n-1)+n=\frac{n^2}{2}+\frac{n}{2}$$

와 같은 결과가 나옵니다.

③ 마지막으로, 정사각형들을 잘라 붙여 새로운 사각형을 만들어서 합을 계산하는 방법도 있습니다. 여기서는 두 가지 경우로 나누어 생각해야 합니다. 먼저, n이 홀수일 때를 생각해봅시다. 예시로 1부터 5까지의 합을 알아보고자 아래와 같이 1개부터 5개까지의 정사각형들을 계단식으로 쌓습니다.

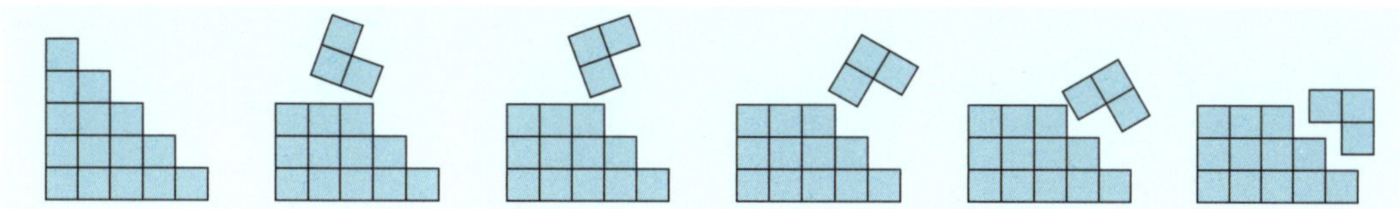

1개부터 5개까지의 사각형들을 잘라 붙인 모습

그 다음, 그림과 같이 위의 'ㄴ'자 모양의 조각을 밑의 조각에 이어 붙입니다. 각각은 합동인 정사각형이므로 조각들이 완벽히 맞아떨어집니다. 따라서 결과적으로 3×5의 큰 직사각형이 만들어집니다. 그러므로 1부터 5까지의 합은 $\frac{(5+1)}{2}\times5=3\times5=15$가 됩니다. 일반화하면, 1부터 홀수 n까지의 합은 $\frac{(n+1)}{2}\times n$으로 위와 같은 결과가 나옵니다.

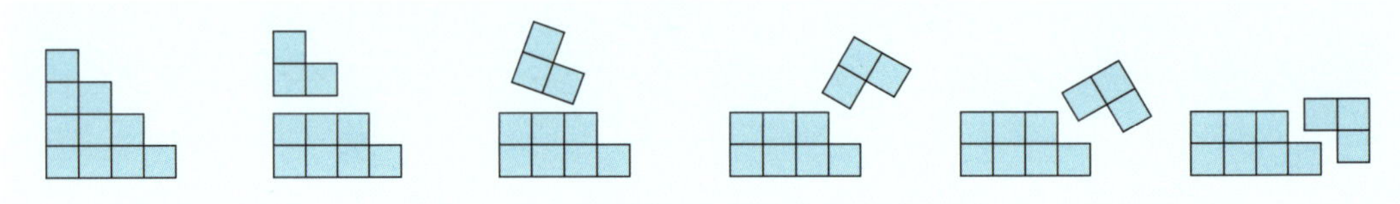

1개부터 4개까지의 사각형들을 잘라 붙인 모습

마찬가지로 n이 짝수일 때를 생각해볼 수 있습니다. 임의로 n을 4로 두고 계단모양으로 쌓습니다. 이 경우, n이 5일 때와 마찬가지로 'ㄴ'자 모양의 조각을 이어 붙일 수 있습니다. 따라서

$$1+2+3+4=\frac{4}{2}\times(4+1)$$

이 됩니다. 이를 일반화시키면, 1부터 짝수 n까지의 합은

$$\frac{n}{2}\times(n+1)$$

로 위와 같은 결과가 나옵니다.

② 가우스 증명법

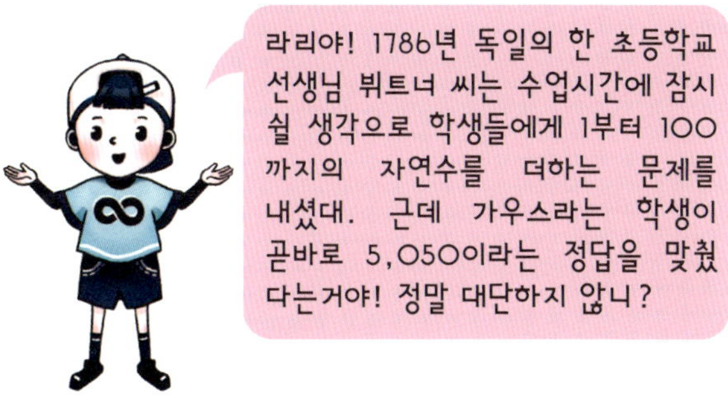

수학자 가우스는 자연수의 합 $1+2+\cdots+n$을 순서를 뒤집어서 계산하는 아이디어를 제시했습니다. $S=1+2+3+\cdots+(n-2)+(n-1)+n$로 둡니다. 1부터 n까지의 순서를 뒤집어서 써도 이는

$$S=n+(n-1)+(n-2)+\cdots+3+2+1$$

로 같습니다. 이 둘을 합하면,

$$\begin{array}{rl} S= & 1+2+3+\cdots+(n-2)+(n-1)+n \\ +)\ S= & n+(n-1)+(n-2)+\cdots+3+2+1 \\ \hline 2S= & (n+1)+(n+1)+(n+1)+\cdots+(n+1)+(n+1)+(n+1)=n(n+1) \end{array}$$

의 결과가 나옵니다. 따라서

$$1+2+3+\cdots+100=\frac{100}{2}(100+1)=5050$$

입니다.

3 수학적 귀납법

여러분! 아주 잘하고 있었네요~ 이제 라리와 한이에게 그마 선생님이 필요할 것 같아서 다시 나타났어요! 자, 이제 수학적 귀납법이라는 방법으로 자연수의 합을 증명해볼까요?

우와, 선생님!! 안그래도 선생님의 도움이 필요했어요. 수학적 귀납법이라는게 도대체 뭔가요?

자, 수학적 귀납법의 정의는 다음과 같아요~

자연수 n에 대하여 명제 $p(n)$이 모든 자연수 n에 대하여 성립하려면 아래의 1), 2)를 증명하면 된다.

1) $n=1$ 일 때, 명제 $p(n)$이 성립한다.

2) $n=k$ 일 때, 명제 $p(n)$이 성립한다고 가정하면, $n=k+1$ 일 때에도 명제 $p(n)$이 성립한다.

즉, 어떤 명제가 참임을 증명하는 방법을 수학적 귀납법이라고 합니다. 좀 더 세분화시키면, 수학적 귀납법은 세 단계로 나누어 증명합니다. 첫 번째는 귀납의 기본(induction base)으로 증명할 문제가 명백하게 참인 첫 번째 단계를 실시합니다. 다음으로 귀납의 가정(induction hypothesis) 단계에서는 증명할 일반적인 명제가 k번째일 때에서 참임을 가정합니다. 마지막으로 귀납적 증명(induction step) 단계에서는 귀납의 가정을 이용하여 $n+1$번째에서 명제가 참임을 증명합니다. 따라서 귀납적 추론에 따라 명제가 참이 되는 것입니다.

이를 이용하여 명제 "$1+2+\cdots+(n-1)+n=\frac{n(n+1)}{2}$이다."를 수학적 귀납법으로 증명해봅시다.

① 귀납의 기본(induction base):

$1=\frac{1(1+1)}{2}$이므로 $n=1$일 때, "$1+2+\cdots+(n-1)+n=\frac{n(n+1)}{2}$"의 명제는 참이 됩니다.

② 귀납의 가정(induction hypothsis):

$1+2+\cdots+(n-1)+n=\frac{n(n+1)}{2}$이 참이라고 가정합니다.

③ 귀납적 증명(induction step):

②의 식에서 양변에 $(n+1)$을 더합니다.

$$1+2+\cdots(n-1)+n+(n+1)=\frac{n(n+1)}{2}+(n+1)$$

여기서 우변의 식을 정리하면,

$$\frac{n(n+1)}{2}+(n+1)=(n+1)\left(\frac{n}{2}+1\right)=(n+1)\left(\frac{n+2}{2}\right)$$

가 되어,

$$1+2+\cdots+n+(n+1)=\frac{(n+1)(n+2)}{2}$$

가 성립합니다.
따라서 귀납적 추론에 따라 우리가 가정한 명제 "$1+2+\cdots+(n-1)+n=\frac{n(n+1)}{2}$"는 참입니다.

와, $1+2+\cdots+(n-1)+n=\frac{n(n+1)}{2}$ 이다! 이제 완벽하게 이해가 됐어요!

탐구문제 새로운 방법 탐구하기

1부터 n까지의 합은 $\sum_{i=1}^{n} i$ 라고도 표현할 수 있어요. 선생님 안경 모양을 보면 시그마($\sum$)라는 기호가 보이죠? 바로 이게 합을 나타내는 기호랍니다.
제가 그마 선생님인 이유도 여기에 있죠. 하하! 자연수의 합을 증명하는 방법은 이외에도 무수히 많습니다. 자 그럼 이제 여러분이 1부터 n번째 홀수의 합, 즉 $1+3+5+\cdots+(2n-1)$을 구해보세요.

4 교시

매직빙고 게임 경우의 수

1 매직빙고 경우의 수

이제 여러분이 어느 정도 마방진의 원리를 익힌 것 같아요.
그럼 이러한 마방진이 적용된 매직빙고 게임 속에 숨어있는
재미있는 사실에 대해 알아볼게요~

자, 문제를 하나 내볼게요~
매직빙고 게임에서 2개의 숫자가 적혀
있는 초록카드는 총 몇 장일까요?

저요저요! 한 칸이 뚫려 있는 카드
말이죠? 하나, 둘, 셋, ... 스물넷,
총 24개에요!!

3차 마방진에는 가로 3개, 세로 3개, 대각선 2개로 총 8줄의 빙고가 있습니다. 오른쪽과 같이 첫 번째 가로줄의 빙고를 생각해봅시다.

여기서 나올 수 있는 초록카드의 개수는 아래와 같이 3개입니다.

즉, 모든 빙고에서는 초록카드 3개가 나올 수 있습니다. 따라서 초록카드의 개수는 $8 \times 3 = 24$ 개가 됩니다.

아주 잘했어요! 그렇다면 1개의 숫자가 적혀 있는 빨강카드는 총 몇 개가 될까요? 정답은 총 24개로 초록카드 개수와 같습니다. 그 이유를 살펴볼까요?

다음과 같이 한 줄의 빙고에서 나올 수 있는 초록카드를 살펴봅시다.

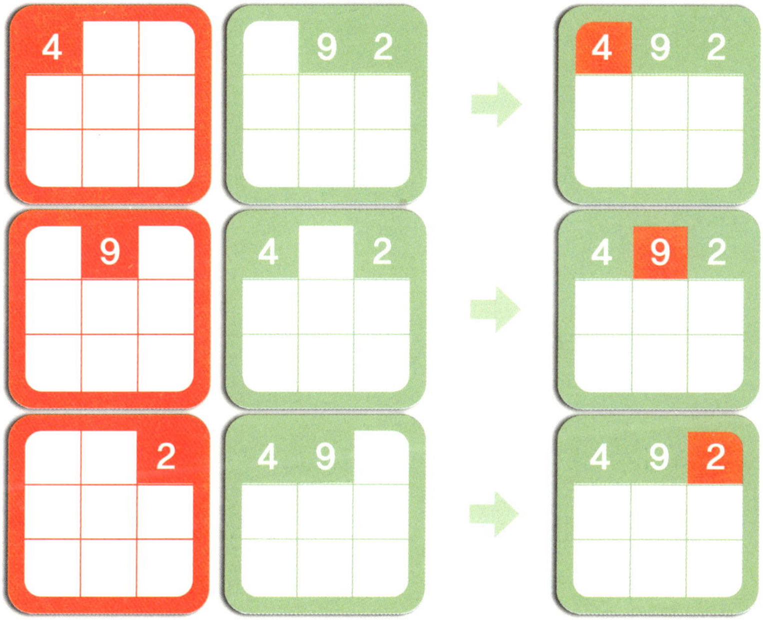

이처럼 초록카드 한 장당 하나의 빨강카드가 대응되는 것을 확인할 수 있습니다. 즉, 초록카드 한 장과 빨강카드 한 장을 짝지으면 빙고 한 줄이 완성됩니다. 따라서 초록카드와 빨강카드의 개수는 같습니다.

또 다른 방법으로 이를 생각해볼 수도 있습니다. 3차 마방진에는 총 $3\times3=9$ 개의 숫자가 있습니다.

4	9	2
3	5	7
8	1	6

먼저 여기서 4의 경우만 살펴봅시다.

4	9	2
3	5	7
8	1	6

4는 세 개의 빙고 안에 포함이 되어있습니다. 따라서

4	9	2
3	5	7
8	1	6

와 같은 카드는 3개가 있을 것입니다.

이런 식으로 해보면, 2개의 빙고가 겹치는 숫자는 1, 3, 7, 9입니다. 여기서 카드 2개씩이 나옵니다.

마찬가지로 3개의 빙고가 겹치는 숫자는 2, 4, 6, 8입니다. 여기서는 카드 3개씩이 나오게 됩니다.

마지막으로 4개의 빙고가 겹치는 숫자는 5입니다. 5가 칠해진 카드는 4개가 나온다는 것입니다.

4	9	2
3	5	7
8	1	6

따라서 빨강카드의 개수는 $2\times4+3\times4+4\times1=24$ 개입니다.

2 3차 마방진의 대칭이동과 회전이동

4	9	2
3	5	7
8	1	6

가능한 한 모든 대칭과 회전들의 모임을 군(group)이라고 합니다. 군의 개념은 여러분이 대학교를 가면 나중에 배울 내용들이에요. 쉽게 말하면, 대칭이동과 회전이동을 적용하지 않을 경우 8개의 서로 다른 3차 마방진을 만들 수 있습니다. 먼저 다음과 같은 기본 마방진을 회전이동시켜 볼까요?

기본 마방진을 시계방향으로 90°씩 회전시키면 또 다른 마방진 세 개를 만들 수 있습니다. 다음은 각각 기본 마방진을 90°, 180°, 270° 회전시킨 형태입니다.

8	3	4
1	5	9
6	7	2

6	1	8
7	5	3
2	9	4

2	7	6
9	5	1
4	3	8

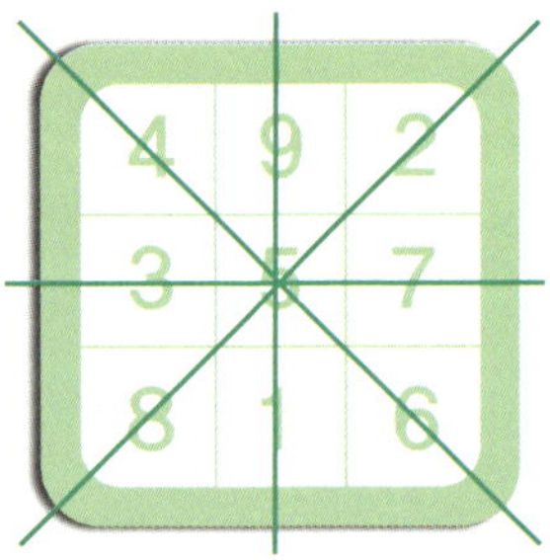

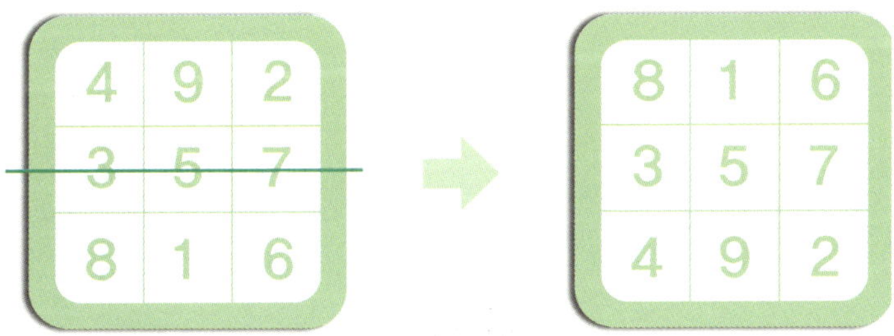

음.. 네 개의 축으로 각각 대칭이동 시켜보면..이렇게 네 가지의 경우가 생겨요!!

4	9	2
3	5	7
8	1	6

[reflected along the diagonal from bottom-left to top-right] →

6	7	2
1	5	9
8	3	4

4	9	2
3	5	7
8	1	6

[reflected along the diagonal from top-left to bottom-right] →

4	3	8
9	5	1
2	7	6

4	9	2
3	5	7
8	1	6

8	3	4
1	5	9
6	7	2

6	1	8
7	5	3
2	9	4

2	7	6
9	5	1
4	3	8

6	7	2
1	5	9
8	3	4

2	9	4
7	5	3
6	1	8

4	3	8
9	5	1
2	7	6

8	1	6
3	5	7
4	9	2

대칭이동 혹은 회전이동을 통해 만들어지는 8개의 마방진

탐구문제 한번 대칭 이동한 후에 회전시켰을 경우 위의 8개 마방진중의 하나임을 확인하세요.

3 서로 다른 마방진은 총 8개

결국 3차 마방진의 여러 가지 형태는 하나의 마방진을 변형시킨 모양이라는 것이군요?

맞았어요! 다른 방법으로 이를 생각해볼 수도 있답니다. 3차 마방진은 다음과 같이 3개의 숫자만 결정되면 나머지 부분을 모두 채울 수 있어요.

4	9	
	5	

그렇다면 이 도형을 회전이동 혹은 대칭이동 시켜 얻을 수 있는 그림은 모두 몇 가지일까요? 회전을 먼저 시키거나 대칭을 먼저 시키거나, 순서에 상관없이 다음과 같은 8종류의 형태가 나오는 것을 쉽게 확인할 수 있습니다.

탐구문제 3차 마방진에서 중앙의 숫자 5를 안다고 가정합시다. 마방진의 모양이 항상 유일하게 결정되기 위해서는 어떤 위치의 숫자만 알면 될까요?

5교시
마방진 만들기

우리 친구들 이제 마방진과 조금 친해진 것 같아요~ 그럼 마방진에 대해 좀 더 자세히 알아볼까요? 먼저 마방진의 뜻은 뭘까요?

[명사] 〈수학〉 자연수를 정사각형 모양으로 나열하여 가로, 세로, 대각선으로 배열된 각각의 수의 합이 전부 같아지게 만든 것.

(네이버 어학사전)

마방진의 뜻을 한자로 풀이해보면, 魔(마술 마), 方(모 방), 陣(진칠 진)입니다. 즉, 마방진이란 정사각형의 가로, 세로, 대각선에 있는 수들의 합이 모두 같도록 연속된 자연수를 배열한 것으로, 배열된 수들의 합이 마치 마법처럼 모두 똑같기 때문에 예부터 사람들은 마방진 속에 신비한 힘이 숨어있다고 믿어왔습니다. 마방진이 중국에서부터 유럽으로 알려지면서 마법진(magic square)이란 이름으로 불리게 되었습니다.

우와. 굉장한 뜻을 담고 있었군요. 정말 마법진이라 불릴만큼 대단한 것 같아요!

1 행 및 열 이동에 의한 방법

선생님, 이제 저희가 직접 마방진을 만들어보고 싶어요! 방법이 없을까요?

그럼 우리 먼저 행과 열을 이동해서 마방진을 만드는 방법을 알아보아요! 이 방법은 초기 상태에서 각 행과 열의 합을 비교해보고 그 값을 같게 만드는 것에서부터 시작되었답니다. 아래 3차방진의 경우부터 살펴볼까요?

초기상태를 그림 1과 같이 설정하면 2열의 합은 15이지만 1열은 3만큼 모자라고 3열은 3만큼 남습니다. 1열과 3열의 값을 15로 같게 해주기 위해 1행과 3행에서 밀어내기를 이용합시다.

	1열	2열	3열	행 합
1행	1	2	3	6
2행	4	5	6	15
3행	7	8	9	24
열합	12	15	18	45

그림 1 초기화

그림 2와 같이 1행을 오른쪽으로 밀어내어 3열에서 밀려난 3은 1열의 위치로 이동시킵니다.

	1열	2열	3열	행 합
1행	3	1	2	6
2행	4	5	6	15
3행	7	8	9	24
열합	14	14	17	45

그림 2 1행 열 이동

마찬가지로 그림 3에서처럼 3행을 왼쪽으로 밀어내어 1열에서 밀려난 7은 3열의 위치로 이동시킵니다.
이러한 밀어내기 방식으로 각행의 합은 변화시키지 않고 각 열의 합을 15로 동일하게 만들어 줄 수 있습니다.

	1열	2열	3열	행 합
1행	3	1	2	6
2행	4	5	6	15
3행	8	9	7	24
열 합	15	15	15	45

그림 3 3행 열 이동

다음으로 그림 4에서와 같이 1열을 아래쪽으로 밀어내고 그림 5와 같이 3열을 위쪽으로 밀어내면 각 행의 합 또한 15로 동일하게 만들어 줄 수 있습니다.

	1열	2열	3열	행 합
1행	8	1	2	11
2행	3	5	6	14
3행	4	9	7	20
열 합	15	15	15	45

그림 4 1열 행 이동

그림 5에서 대각 합 또한 15가 됨을 확인할 수 있으므로 3차 마방진이 완성되었다 할 수 있습니다.

	1열	2열	3열	행 합
1행	8	1	6	15
2행	3	5	7	15
3행	4	9	2	15
열 합	15	15	15	45

그림 5 3열 행 이동

2 시암 방법(Siamese method)

① 첫 번째 숫자(1)을 가운데 칸 바로 밑에 넣습니다.

② 현재 위치에서 오른쪽 아래로 이동하며 다음 숫자를 채워 넣습니다. 숫자가 마지막 행에 있는 경우 다음 숫자는 첫 행에 넣습니다. 숫자가 마지막 열에 있는 경우 다음 숫자는 첫 열에 넣습니다.

③ 다음 숫자를 넣어줄 칸에 이미 숫자가 있는 경우 현재 위치의 바로 위에 다음 숫자를 넣습니다.

	1	

		2
	1	

		2
3		
	1	

4		2
3		
	1	

4		2
3	5	
	1	

4		2
3	5	
	1	6

4		2
3	5	7
	1	6

4		2
3	5	7
8	1	6

4	9	2
3	5	7
8	1	6

탐구문제

		1

을 만족하는 마방진을 시암방법으로 만들어 보세요.

3 피라미드법

① 그림 1과 같이 1부터 9까지 오른쪽 아래로 배열합니다.

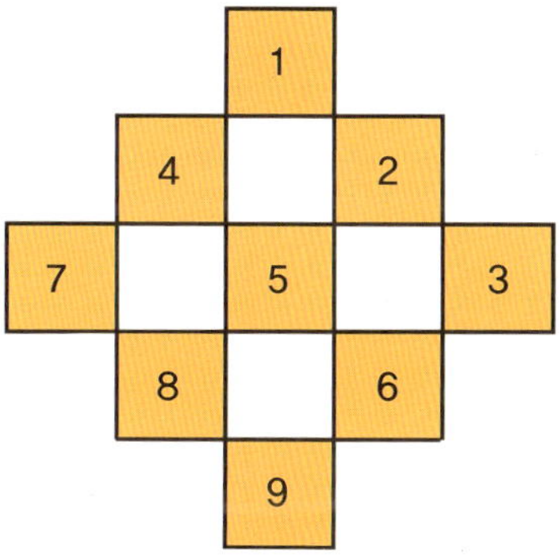

그림 1

② 다음 그림 2와 같이 3×3 사각형 외부에 있는 1, 3, 7, 9를 반대방향 빈칸에 배치시켜주면 마방진이 완성됩니다.

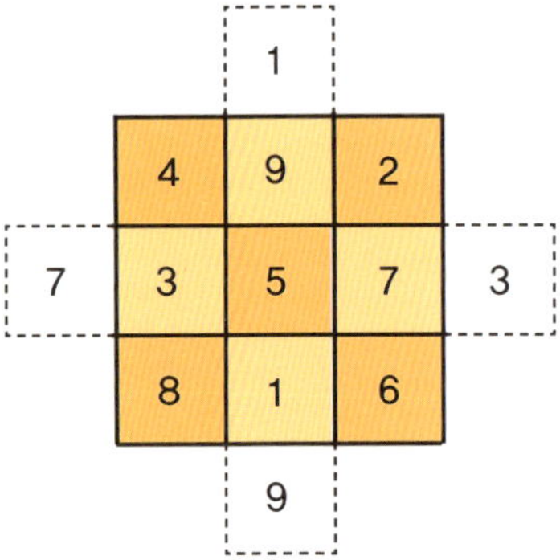

그림 2

탐구문제

		1

을 만족하는 마방진을 피라미드 방법으로 만들어 보세요.

6 교시

지수귀문도 알아보기

중국에서 처음 만들어진 마방진은 우리나라, 일본, 인도, 유럽 등 세계 곳곳에서 찾아볼 수 있어요~ 마방진을 함께 만들어봤으니, 이제 여러 마방진들을 살펴보고 어떤 특징들이 있는지 알아볼까요?

2	9	4
7	5	3
6	1	8

물	고	기
고	기	다
기	다	려

一	始	無
盡	本	天
一	三	一
三	天	二

SATOR
AREPO
TENET
OPERA
ROTAS

3차 숫자 마방진, 문자 마방진

1 마방진의 유래

마방진의 유래는 기원전 3000년 경 중국의 하나라 임금인 우왕의 일화에서부터 시작됩니다. 당시 중국의 낙양 남쪽에는 황하 강의 지류인 '낙수'라는 큰 천이 흐르고 있었는데, 이 주변에서 많은 농민들이 농사를 짓고 살았습니다. 그러나 황하가 자주 범람하여 많은 사람들이 집과 가족을 잃게 되는 문제가 발생하였고, 피해를 줄이기 위해 우왕은 낙수의 범람을 막는 치수공사를 시작하였습니다. 이 공사 도중 강에서 거북이 한 마리가 나타났는데 거북이의 등껍질에는 아래와 같은 무늬가 새겨져 있었습니다.

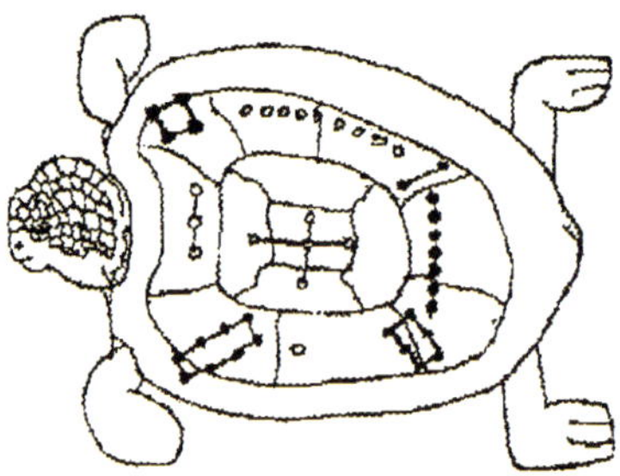

강에서 발견된 거북이의 등껍질

이를 본 사람들이 이 무늬를 깊게 관찰하여 점의 개수를 수로 표현해 보았더니 가로, 세로, 대각선에 있는 수들의 합이 15로 모두 같음을 발견하였습니다. 이 수들은 1부터 9까지 연속된 자연수를 중복되지도, 빠뜨린 수도 없이 9개의 칸에 배열되었습니다. 사람들은 여기서 힌트를 얻어 더 이상 무너지지 않는 강둑을 쌓을 수 있었습니다. 거북이의 등껍질이 둑을 무너지지 않게 하는 데 어떻게 도움이 되었는지 아직까지 알려진 바는 없습니다.

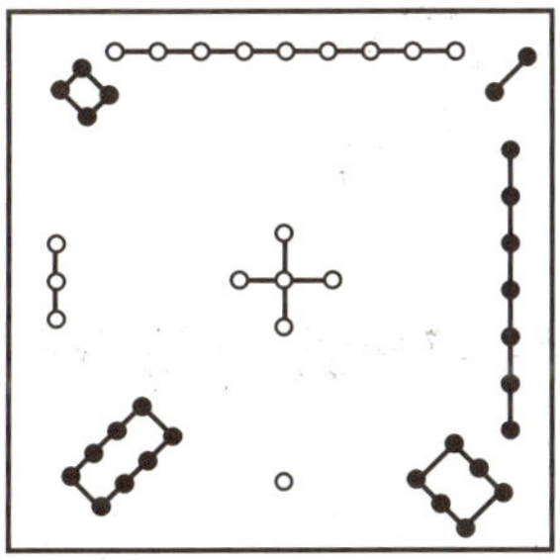

구궁도

4	9	2
3	5	7
8	1	6

이 구궁도를 '낙수에서 얻은 하늘의 글'이라는 의미에서 '낙서'라고 불렀다고 합니다. 사람들은 이 신비로운 그림을 하늘이 거북이를 통해 보내준 선물이라고 믿었고, 마방진의 수를 재앙을 막아주는 신성한 것으로 여겼습니다. 또한 이 그림을 문에 붙여 귀신을 쫓는 부적으로 사용하면서 '마방진(魔(마귀 마), 方(모 방), 陣(진칠 진))'이란 이름이 붙게 되었다는 설도 있습니다.

2 지수귀슬도

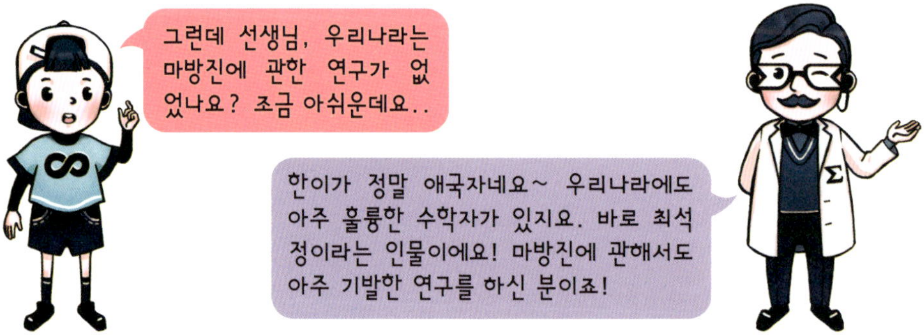

최석정(1646-1715)은 조선 인조 때 영의정을 지낸 최명길의 손자로 어려서부터 청나라를 왕래하며 선진 문화를 접하면서 자랐습니다. 실질적인 학문을 중시했던 할아버지의 영향으로 그는 조선 숙종 때 과거시험에서 당당히 급제를 하였고, 그 이상으로 생활에 도움을 줄 수 있는 학문에도 많은 관심을 가지고 연구하였습니다. 특히 최석정은 수학에 많은 관심을 가졌는데, 그가 쓴 책인 〈구수략〉은 서양보다 앞서고 독창적인 마방진에 대한 해법을 제시하고 있습니다.

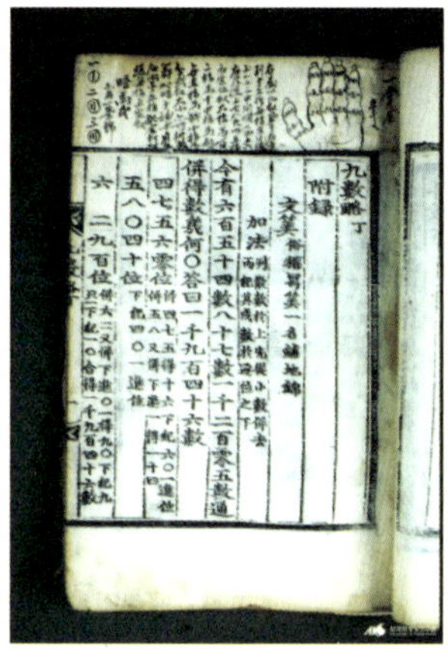

구수략

a) 지수귀문도

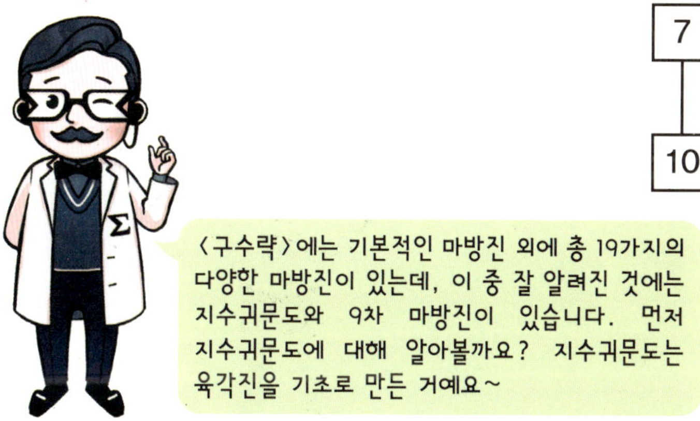

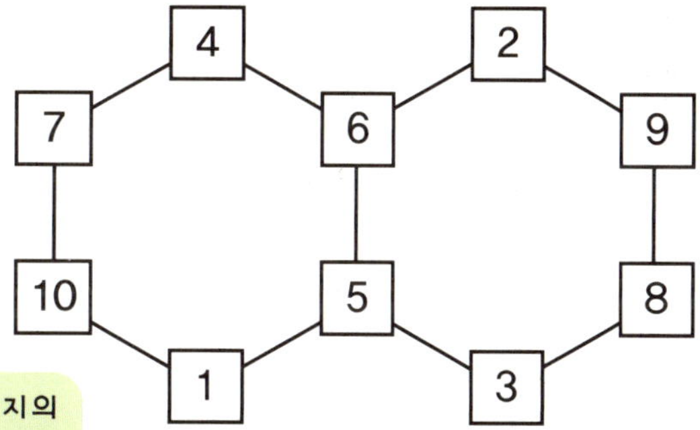

육각진

마방진을 새롭게 변형하고자 하였던 최석정은 거북이의 등껍질 무늬가 6각형이라는 것에서 6각형 모양의 육각진에 초점을 두었습니다. 육각진은 육각형을 벌집 모양으로 만든 후 각 꼭짓점에 숫자를 써 넣어 각 육각형을 이루는 6개 숫자의 합이 같도록 한 배열입니다.

위의 오른쪽 그림은 1에서 10까지 숫자를 이용하여 각 육각형에 있는 숫자의 합이

$$(4+7+6+10+5+1)=(2+6+9+5+8+3)=33$$

이 되는 육각진입니다. 지수귀문도는 이러한 육각진을 기초로 만든 것입니다.

구수략에 소개된 지수귀문도

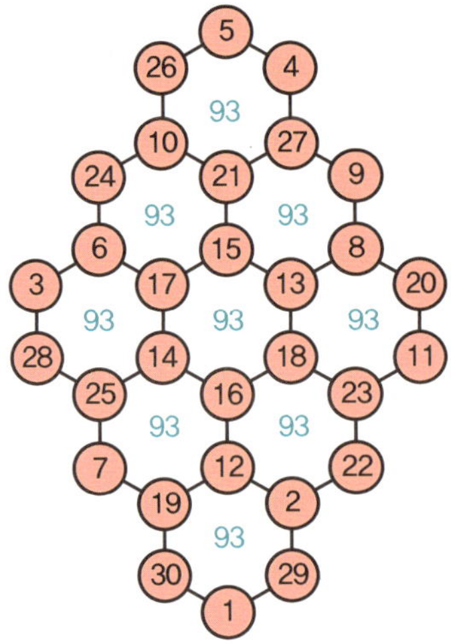

지수귀문도의 경우에는 1에서 30까지의 숫자들을 중복됨 없이 배열하여 한 개의 육각형에 있는 숫자들의 합이 모두 93이 되게 한 것입니다. 이러한 모양은 가장 기초적인 육각형 하나로 이루어진 모양에서부터 16개의 숫자를 배열한 육각형 4개, 30개의 숫자를 배열한 육각형 9개(지수귀문도) 등 여러 모양을 만들 수 있으며 숫자의 개수에 따라 무한히 확장할 수 있습니다. 특히 수학자 베커는 지수귀문도의 존재를 모른 채 6각형 숫자의 합이 92가 되는 특수해를 찾았고, 종합적으로 지수귀문도의 숫자배열은 6각형에 있는 숫자의 합이 90,92,93이 되는 세 가지 형태가 있다는 것을 밝혔습니다.

우리나라에서는 한 석사과정 학생도 지수귀문도의 6각형에 있는 숫자들의 합이 90이 되는 배열도 만들 수 있다는 발견했습니다. 그러나 한상근 교수(KAIST) 의 말에 따르면, 합이 90이나 92가 되는 배열보다 최석정이 제시한 93의 배열이 가장 안정적이라고 합니다. 30개의 각 꼭짓점을 채우는 1에서 30까지의 숫자를 6개 골라냈을 때 그 기댓값이 93이기 때문입니다. 1994년, 신문광고에 나온 지수귀문도를 보고 흥미를 느낀 지용기(34)씨는 독자적인 새로운 배열을 만들어냈습니다. 그는 숫자의 개수가 6, 16, 30, 48, 70, 96, 126 등으로 만들어지는 다양한 크기의 지수귀문도를 완성했습니다. 또한 숫자의 개수에 따라 합이 변하는 규칙성도 찾아냈습니다. 그러나 그도 이러한 숫자배열을 일반화하는 방법은 찾지 못했습니다.

탐구문제 1~16의 숫자를 배열한 육각형 4개로 이루어진 지수귀문도를 하나 이상 만들어 보세요.

7 교시

직교라틴방진

1 직교라틴방진

최석정의 9차 직교라틴방진(Orthogonal Latin Square)은 2007년 Chapman & Hall/CRC에서 출판된 Handbook of Combinatorial Designs(2판)에도 소개되었고, 이는 오일러의 직교라틴방진보다 적어도 67년을 앞선 내용입니다. 서양과 동양을 통틀어서 현존하는 기록상 세계 최초라고 할 수 있습니다.

먼저, 라틴 방진(Latin Square)은 18세기 스위스의 수학자인 오일러(Leonhard Euler : 1707~1783)가 최초로 발견한 방진으로 일반 마방진과 매우 유사한 형태입니다. 그러나 1부터 n까지의 숫자가 각각 n번씩 배열되었다는 것에서 일반 방진과는 차이가 있습니다. 'n차 라틴 방진'은 'n행 n열로 이루어진 정사각형 안에 n개의 서로 다른 숫자나 기호를 가로, 세로에 꼭 1개씩만 들어가도록 배열한 것'입니다. 이때 대각선에는 꼭 1부터 n의 숫자나 기호가 모두 포함되지 않고 중복되어도 된다는 것에 주의합니다.

2	3	1
1	2	3
3	1	2

3차 라틴 방진

이 과정에서 사용된 기호가 라틴 문자인 것에 기인하여 방진 이름을 '라틴 방진'이라 하였습니다. 라틴 방진은 숫자 및 기호들이 체계적으로 배열되어 있어 통계학의 실험에 많이 응용됩니다. 실제로 영국 통계학자이자 유전학자인 피셔(Ronald A.Fisher)는 농업 생산성을 분석하는 통계 실험에서 이 라틴 방진을 이용하였다고 합니다. 우리가 일반적으로 아는 스도쿠와 9차 라틴 방진이 같다고 생각할 수 있지만, 스도쿠는 라틴 방진에 가로 세로 3칸인 작은 정사각형 9개에 대한 규칙을 추가한 형태입니다.

라틴 직교 마방진은 라틴 방진에서 파생되었습니다. 'n차 직교 라틴방진'은 (1, 1)부터 (n, n)까지 n^2개의 숫자 쌍이 한 번씩 들어가도록 2개의 n차 라틴 방진을 겹쳐 놓

은 것입니다. 이 방진을 '오일러 방진(Euler Square)'또는 '그레코−라틴방진(Greco−Latin Square)'이라고도 합니다.

2	3	1
1	2	3
3	1	2

1	3	2
3	2	1
2	1	3

→

2, 1	3, 3	1, 2
1, 3	2, 2	3, 1
3, 2	1, 1	2, 3

2개의 3차 라틴방진으로 만들어진 3차 직교 라틴 방진

직교 라틴 방진의 의의는 마방진을 만들 수 있다는 데에 있습니다. n차 직교 라틴 방진의 한 칸에 들어가는 숫자쌍을 $(p,\ q)$라고 두면, $p+n(q-1)$를 쉽게 계산할 수 있습니다. 이를 $n\times n$ 틀에 넣게 되면 n차 마방진이 만들어진다는 것입니다. 하나의 라틴방진은 diagonal Latin square이어야 합니다. 위의 3차 직교 라틴 방진을 이용해 3차 마방진을 만들어볼까요?

2	9	4
7	5	3
6	1	8

3차 직교 라틴 방진으로 만든 3차 마방진

최석정은 구수략에서 '구구모수변궁양도(九九母數變宮陽圖)'와 '구구모수변궁음도(九九母數變宮陰圖)'라는 2개의 직교 라틴 방진을 제시합니다. 아래와 같은 두 직교 라틴 방진에서 각 칸에 있는 파랑색 숫자를 q, 빨강색 숫자를 p라고 하면, 마방진에 들어갈 숫자는 $p+9(q-1)$이 됩니다. 즉, 1행 1열 첫 번째 칸에는 $1+9\times(5-1)=37$입니다. 이렇게 해서 생성된 마방진은 가로, 세로, 대각선의 합이 369인 9차 마방진이 됩니다.

51	63	42	87	99	78	24	36	15
43	52	61	79	88	97	16	25	34
62	41	53	98	77	89	35	14	26
27	39	18	54	66	45	81	93	72
19	28	37	46	55	64	73	82	91
38	17	29	65	44	56	92	71	83
84	96	75	21	33	12	57	69	48
76	85	94	13	22	31	49	58	67
95	74	86	32	11	23	68	47	59

변환

37	48	29	70	81	62	13	24	5
30	38	46	63	71	79	6	14	22
47	28	39	80	61	72	23	4	15
16	27	8	40	51	32	64	75	56
9	17	25	33	41	49	57	65	73
26	7	18	50	31	42	74	55	66
67	78	59	10	21	2	43	54	35
60	68	76	3	11	19	36	44	52
77	58	69	20	1	12	53	34	45

최석정의 9차 직교 라틴 방진과 9차 마방진

이렇게 만들어진 최석정의 9차 마방진은 아주 흥미로운 성질이 있습니다. 대각선상의 숫자를 보면, 37부터 45의 연속된 숫자와 5부터 시작해서 공차가 9인 수열들로 이루어져 있습니다. 또한 가운데에 위치한 가로 세로 상의 숫자를 보면, 공차가 10인 수열과 공차가 8인 수열로 나열되어 있습니다.

37	48	29	70	81	62	13	24	5
30	**38**	46	63	71	79	6	14	22
47	28	**39**	80	61	72	23	4	15
16	27	8	**40**	51	32	64	75	56
9	17	25	33	**41**	49	57	65	73
26	7	18	50	31	**42**	74	55	66
67	78	59	10	21	2	**43**	54	35
60	68	76	3	11	19	36	**44**	52
77	58	69	20	1	12	53	34	**45**

37	48	29	70	81	62	13	24	**5**
30	38	46	63	71	79	6	**14**	22
47	28	39	80	61	72	**23**	4	15
16	27	8	40	51	**32**	64	75	56
9	17	25	33	**41**	49	57	65	73
26	7	18	**50**	31	42	74	55	66
67	78	**59**	10	21	2	43	54	35
60	**68**	76	3	11	19	36	44	52
77	58	69	20	1	12	53	34	45

37	48	29	70	81	62	13	24	5
30	38	46	63	71	79	6	14	22
47	28	39	80	61	72	23	4	15
16	27	8	40	51	32	64	75	56
9	**17**	**25**	**33**	**41**	**49**	**57**	**65**	**73**
26	7	18	50	31	42	74	55	66
67	78	59	10	21	2	43	54	35
60	68	76	3	11	19	36	44	52
77	58	69	20	1	12	53	34	45

37	48	29	70	**81**	62	13	24	5
30	38	46	63	**71**	79	6	14	22
47	28	39	80	**61**	72	23	4	15
16	27	8	40	**51**	32	64	75	56
9	17	25	33	**41**	49	57	65	73
26	7	18	50	**31**	42	74	55	66
67	78	59	10	**21**	2	43	54	35
60	68	76	3	**11**	19	36	44	52
77	58	69	20	**1**	12	53	34	45

최석정의 9차 마방진의 특이한 성질

2 9차 마방진

최석정의 〈구수략〉에서는 3차 마방진부터 10차 마방진까지 다양하게 설명하고 있습니다. 그 중, 9차 마방진은 1부터 81까지의 숫자를 중복 없이 사용하여 마법수가 $9\times(81+1)/2=369$가 되게 만든 마방진입니다. 9차 마방진은 가로와 세로, 대각선에 있는 9개의 숫자들의 합이 모두 369가 됩니다. 또한 최석정의 9차 마방진을 9개의 3×3 정사각형으로 나누면 각 줄의 합이 123인 작은 3차 마방진을 만들 수 있습니다.

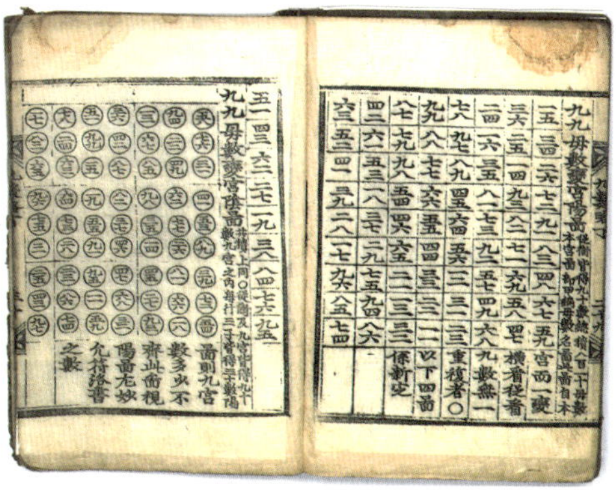

최석정의 9차 마방진

50	18	55	70	5	48	3	76	44
66	31	26	29	81	13	52	11	60
7	74	42	24	37	62	68	36	19
54	67	2	65	25	33	28	23	72
59	21	43	9	41	73	15	61	47
10	35	78	49	57	17	80	39	4
79	6	38	20	69	34	32	64	27
30	71	22	45	1	77	16	51	56
14	46	63	58	53	12	75	8	40

이 외에도 중앙에 있는 숫자를 포함하여 일직선상에 있는 숫자들의 합과 원을 이루고 있는 숫자들의 합이 모두 같은 방사형진, 사각형의 꼭짓점과 각 변에 있는 숫자들의 합이 모두 같은 사각진이 있습니다.

37	48	29	70	81	62	13
30	38	46	63	71	79	6
47	28	39	80	61	72	23
16	27	8	40	51	32	64
9	17	25	33	41	49	57
26	7	18	50	31	42	74
67	78	59	10	21	2	43

사각진

탐구문제

김홍도의 〈씨름〉

이 그림은 김홍도의 〈씨름〉이에요. 〈씨름〉에서도 동양 마방진의 역 사를 찾을 수 있죠~ 〈씨름〉을 네 개의 영역으로 나누어서 사람의 명수를 숫자로 표현해 볼까요?

을 채워보세요.

어 선생님!! 대각선의 두 숫자들의 합이 모두 10이 돼요! 이를 X자형 마방진이라고 하는군요.

8 교시 세계의 마방진

이제 다른 나라에서의 마방진도 살펴볼까요? 마방진은 중국에서 우리나라, 일본, 인도, 동남아시 등의 동양권으로 전해져 왔을 뿐만 아니라 유럽에도 전해졌어요. 중국의 3차 마방진 이후에 서양에서 최초로 발견된 마방진은 수학자이자 화가인 뒤러의 4차 마방진이랍니다~

1 뒤러의 마방진

뒤러(1471~1528)는 16세기의 독일 사람으로 수학 관련 예술작품을 많이 배출한 사람입니다. 그는 자신의 관 뚜껑에 〈멜랑콜리아(Melancholia)〉라는 그림을 남긴 것으로 유명한데 그 그림 속에는 4차 마방진이 숨어있습니다. 이 마방진 속에 숨겨진 비밀은 그림이 그려진 연도인 1514가 맨 밑 열 중앙에 숫자로 나타나고 있다는 것입니다.

뒤러가 그림 속에 마방진을 그려 넣은 이유를 많은 학자들은 서양의학 때문이라고 추측하고 있습니다. 고대 그리스 시대의 서양의학에서는 '사성론'이라는 것을 중요하게 여겼습니다. 이는 인간의 몸 안에 4가지의 액체가 흐르는데, 이 중 어느 것이 더 많이 흐르는가에 따라 성격이 달라진다는 이론입니다. 몸 안에 혈액이 많은 '다혈질'의 사람은 활동적이고, 담즙이 많은 '담즙질' 의 사람은 변덕이 심하고, 점액이 많은 '점액질'의 사람은 끈질긴 성격의 사람, 흑담즙이 많은 '우울질'의 사람은 내성적인 사람이라는 것입니다.

이러한 사성론에 따라 창의적인 사람, 즉 수학자를 우울질의 인간으로 보았습니다. 이들은 측량, 건축, 연금의 신인 토성의 지배를 받는다고 생각했습니다. 때문에 깊은 생각으로 우울질이 높아지면, 토성의 영향을 지워 버리고 목성의 보조가 필요하다고 생각하였습니다. 당시 점성술사는 마방진을 별과 연관지어 3방진은 토성, 4방진은 목성, 5방진은 화성, 6방진은 태양, 7방진은 금성, 8방진은 수성, 9방진은 달의 상징이라고 하였는데, 이러한 이유로 수학자를 쉬게 하기 위하여 목성을 나타내는 4방진을 그려 넣었습니다.

뒤러의 그림 속에 그려진 4차 마방진

16	3	2	13
5	10	11	8
9	6	7	12
4	15	14	1

이렇게 전 세계가 동서양을 막론하고 오래 전부터 마방진에 관한 많은 연구를 거듭해왔답니다~ 하지만 아직도 마방진의 많은 부분이 수수께끼로 남아 있지요.

정말 마방진의 세계는 무궁무진하네요!! 좀 더 신기한 마방진은 없나요?

2 인도 마방진

3차 마방진은 베다 시대 때부터 인도의 의식에 쭉 쓰여 왔습니다. Ganesh yantra는 3차 마방진입니다. 인도 Khajuraho에 위치한 Parshnanath Jain 사원에는 10세기의 4차 마방진이 있는 것으로 유명합니다.

인도 마방진

7	12	1	14
2	13	8	11
16	3	10	5
9	6	15	4

마침 굉장히 신기한 마방진이 우리를 기다리고 있었네요~ 바로 Chautisa Yantra라는 마방진이에요. 각 행과 열, 대각선뿐만 아니라 각각의 2 × 2의 정사각형에 있는 숫자들의 합도 34가 되죠. 또한 3 × 3, 4 × 4, 2 × 4, 4 × 2 사각형의 각 모서리에 있는 숫자들의 합도 34로 일치한답니다. 정말 신기하죠?

7	**12**	1	14
2	**13**	8	11
16	3	10	5
9	6	15	4

7	12	**1**	14
2	13	**8**	11
16	3	**10**	5
9	6	15	4

7	12	1	**14**
2	13	8	**11**
16	3	10	5
9	6	15	4

7	**12**	1	14
2	13	8	11
16	3	10	5
9	**6**	15	4

(예시) 2×2, 3×3, 4×4, 2×4, 4×2 사각형들의 각 모서리에 있는 숫자들의 합이 34가 된다.

7	**12**	1	14
2	13	8	11
16	3	10	**5**
9	6	**15**	4

7	12	1	14
2	13	8	**11**
16	3	**10**	5
9	**6**	15	4

범대각선에 있는 숫자들의 합도 마찬가지로 34가 됩니다. 이때, 범대각선이란 다음과 같은 형태를 말해요~

7	12	**1**	14
2	**13**	8	11
16	3	10	5
9	6	15	**4**

(예시) 범대각선에 있는 숫자들의 합이 34가 된다.

사각형 이외에도 4차 마방진에는 8개의 아래와 같은 모양의 사다리꼴이 있는데 그 모서리에 있는 숫자의 합도 34로 동일합니다.

7	**12**	**1**	14
2	13	8	11
16	3	10	**5**
9	6	15	4

7	12	1	**14**
2	**13**	8	11
16	**3**	10	5
9	6	15	**4**

7	12	1	14
2	13	8	**11**
16	3	10	5
9	**6**	**15**	4

7	12	1	14
2	13	**8**	11
16	3	**10**	5
9	6	15	4

(예시) 사다리꼴의 모서리에 있는 숫자들의 합이 34가 된다.

생소한 패턴이지만, 대각선방향으로 하나씩 건너 뛴 2개의 숫자들의 합은 17이 됩니다.

7	12	1	14
2	13	8	11
16	3	10	5
9	6	15	4

7	12	1	14
2	13	8	11
16	3	10	5
9	6	15	4

7	12	1	14
2	13	8	11
16	3	10	5
9	6	15	4

7	12	1	14
2	13	8	11
16	3	10	5
9	6	15	4

(예시) 대각선 방향으로 하나씩 건너 뛴 2개의 숫자들의 합은 17이 된다.

허허, 아직 놀라긴 일러요. 이 마방진의 특이한 점은 행이나 열을 하나씩 밀어서 또 다른 마방진을 만들어도 위의 성질들이 만족한다는 것이에요~

7	12	1	14
2	13	8	11
16	3	10	5
9	6	15	4

12	1	14	7
13	8	11	2
3	10	5	16
6	15	4	9

(예시) 가장 좌측의 열을 밀어서 또 다른 마방진을 만들어도 위의 성질들이 성립한다.

탐구문제 행이나 열을 하나씩 밀어도 4차 마방진이 됨을 확인하세요.

9 교시

다양한 마방진 즐기기

1 홀수 차 마방진

이제 마방진에 대해 어느 정도 알았으니 좀 더 다양한 마방진을 즐겨보도록 해요.
홀수 차 마방진, 4n차 마방진, 4n+1차 마방진, 기하 마방진, 플랭클린 마방진 등 정말 많은 마방진들이 있답니다. 먼저 홀수 차 마방진을 만들어볼까요?

시암 방법(Siamese method)

① 첫 번째 숫자(1)을 첫 행 중앙 열에 위치시킵니다.

② 현재 위치에서 오른쪽 위로 이동하며 다음 숫자를 채워 넣습니다. 숫자가 첫 행에 있는 경우 다음 숫자는 마지막 행에 넣습니다. 숫자가 마지막 열에 있는 경우 다음 숫자는 첫 열에 넣습니다.

③ 다음 숫자를 넣어줄 칸에 이미 숫자가 있는 경우 현재 위치의 바로 아래 칸에 다음 숫자를 넣습니다.

$n=3$인 3차 마방진에서 살펴보면 다음과 같습니다.

	1	

	1	
		2

	1	
3		
		2

	1	
3		
4		2

	1	
3	5	
4		2

	1	6
3	5	
4		2

	1	6
3	5	7
4		2

8	1	6
3	5	7
4		2

8	1	6
3	5	7
4	9	2

시암방법을 이용하여 홀수 차($n=1, 3, 5, 7, \cdots$) 마방진을 쉽게 만들 수 있습니다.

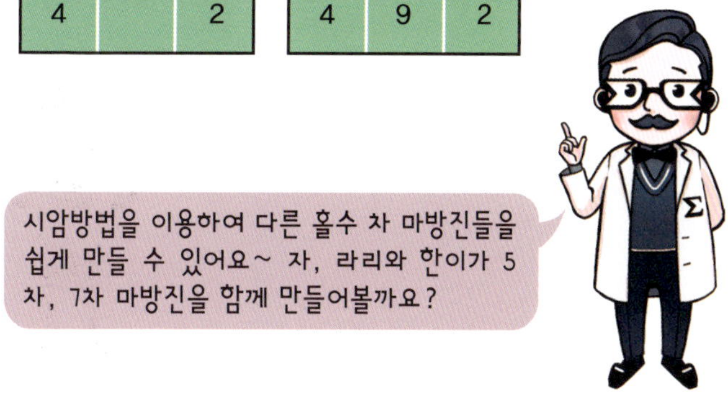

② 5차 마방진

와~ 선생님 제가 스스로 5차 마방진을 만들었어요! 5차 마방진은 각 줄의 합이 65가 되네요.

17	24	1	8	15
23	5	7	14	16
4	6	13	20	22
10	12	19	21	3
11	18	25	2	9

③ 7차 마방진

선생님 전 7차 마방진을 만들 었어요! 7차 마방진의 각 줄의 합은 모두 175예요~ 정말 마방진이 완성되네요?

30	39	48	1	10	19	28
38	47	7	9	18	27	29
46	6	8	17	26	35	37
5	14	16	25	34	36	45
13	15	24	33	42	44	4
21	23	32	41	43	3	12
22	31	40	49	2	11	20

탐구문제

① 9차 마방진 만들어 보기

② 다른 방식의 홀수차 마방진 만들기 토론하기

10 교시

짝수차 마방진 즐기기

라리와 한이가 너무 잘해서 선생님이 깜짝 놀랐어요! 자, 이제 그럼 짝수 차 마방진을 만들어볼까요? 먼저, 짝수 차 마방진은 가로와 세로가 모두 짝수인 방진을 말해요~ 이 중에서 4차 마방진이 가장 간단하죠.
최초의 기록은 약 1000년 전 인도에서 발견한 비문에 새겨져 있었답니다.

1 4n차 마방진 만들기

a. 그림과 같이 4×4인 사각형을 가로 세로 1:2:1의 비율로 나눕니다.

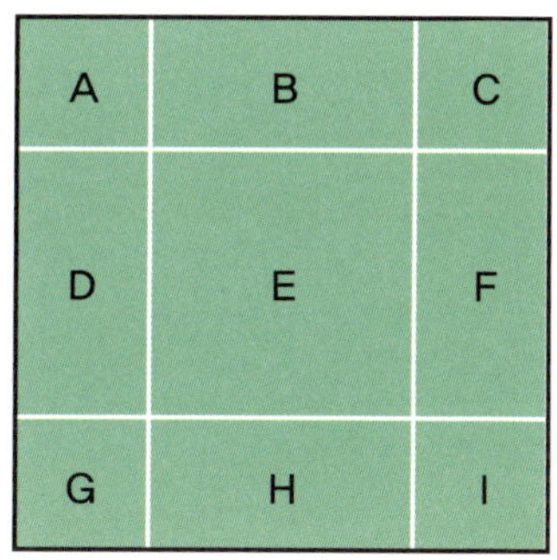

b. A, C, E, G, I의 영역에 있는 칸에는 1행, 2행, 3행, 4행의 순서로 왼쪽에서 오른쪽으로 1에서 16까지 해당하는 칸의 숫자를 채워 넣습니다. 이때 C에 있는 칸을 살펴보면 1 다음인 2를 채워 넣는 것이 아니라 위치에 해당하는 4를 채워 넣습니다.

1	2	3	4
5	6	7	8
9	10	11	12
13	14	15	16

c. 비어있는 B, D, F, H의 영역에 있는 칸에는 4행, 3행, 2행, 1행의 순서로 오른쪽에서 왼쪽으로 남은 숫자를 채워 넣습니다.

(행1) $1+12+14+4=34$

(행2) $12+6+7+9=34$

(행3) $8+10+11+5=34$

(행4) $13+3+2+16=34$

1	15	14	4
12	6	7	9
8	10	11	5
13	3	2	16

(열1) $1+12+8+13=34$

(열2) $15+6+10+3=34$

(열3) $14+7+11+2=34$

(열4) $4+9+5+16=34$

(대1) $1+6+11+16=34$

(대2) $4+7+10+13=34$

2 8차 마방진

1	2	62	61	60	59	7	8
9	10	54	53	52	51	15	16
48	47	19	20	21	22	42	41
40	39	27	28	29	30	34	33
32	31	35	36	37	38	26	25
24	23	43	44	45	46	18	17
49	50	14	13	12	11	55	56
57	58	6	5	4	3	63	64

③ 12차 마방진

1	2	3	141	140	139	138	137	136	10	11	12
13	14	15	129	128	127	126	125	124	22	23	24
25	26	27	117	116	115	114	113	112	34	35	36
108	107	106	40	41	42	43	44	45	99	98	97
96	95	94	52	53	54	55	56	57	87	86	85
84	83	82	64	65	66	67	68	69	75	74	73
72	71	70	76	77	78	79	80	81	63	62	61
60	59	58	88	89	90	91	92	93	51	50	49
48	47	46	100	101	102	103	104	105	39	38	37
109	110	111	33	32	31	30	29	28	118	119	120
121	122	123	21	20	19	18	17	16	130	131	132
133	134	135	9	8	7	6	5	4	142	143	144

4 4n+2차 마방진

마지막으로 4n+2차 마방진을 만들어볼까요? 4n+2차 마방진을 만드는 방법은 조금 복잡하답니다. 먼저 6차 마방진을 예로 한번 만들어볼게요~

- 6차 마방진

a. 초기상태: 왼쪽 위에 1에서 36까지 순서대로 배열합니다.

1	2	3	4	5	6
7	8	9	10	11	12
13	14	15	16	17	18
19	20	21	22	23	24
25	26	27	28	29	30
31	32	33	34	35	36

b. 1, 2행을 우측으로 두 칸씩 밀어내고 5, 6행을 좌측으로 두 칸씩 밀어냅니다.

5	6	1	2	3	4
11	12	7	8	9	10
13	14	15	16	17	18
19	20	21	22	23	24
27	28	29	30	25	26
33	34	35	36	31	32

c. 1, 2열을 아래로 두 칸씩 밀어내고 5, 6열을 위쪽으로 두 칸씩 밀어냅니다.

27	28	1	2	17	18
33	34	7	8	23	24
5	6	15	16	25	26
11	12	21	22	31	32
13	14	29	30	3	4
19	20	35	36	9	10

d. 2, 3열에서 홀수 행과 짝수 행을 바꿉니다.

27	28	7	8	17	18
33	34	1	2	23	24
5	6	21	22	25	26
11	12	15	16	31	32
13	14	35	36	3	4
19	20	29	30	9	10

e. 2, 3행에서 홀수 열과 짝수 열을 바꿉니다.

27	28	7	8	17	18
33	34	1	2	23	24
6	5	22	21	26	25
12	11	16	15	32	31
13	14	35	36	3	4
19	20	29	30	9	10

f. 그림과 같이 해당 칸의 값을 서로 바꿉니다.

33	28	8	7	18	17
27	34	1	2	23	24
6	5	22	21	26	31
12	11	16	15	32	25
13	14	35	36	3	10
20	19	29	30	9	4

- 10차 마방진

73	72	97	88	12	11	26	25	50	49
63	64	87	98	2	1	36	35	60	59
95	96	19	10	34	33	48	47	62	61
85	86	9	20	23	24	57	58	71	72
8	7	22	21	56	55	70	79	94	93
18	17	32	31	46	45	80	69	84	83
29	30	43	44	77	78	81	92	15	16
40	39	54	53	67	68	91	82	5	6
42	41	66	65	99	100	3	14	37	38
52	51	76	75	89	90	13	4	27	28

탐구문제 위의 10차 마방진의 각 줄의 합이 505임을 확인하세요.

11 교시

기하마방진

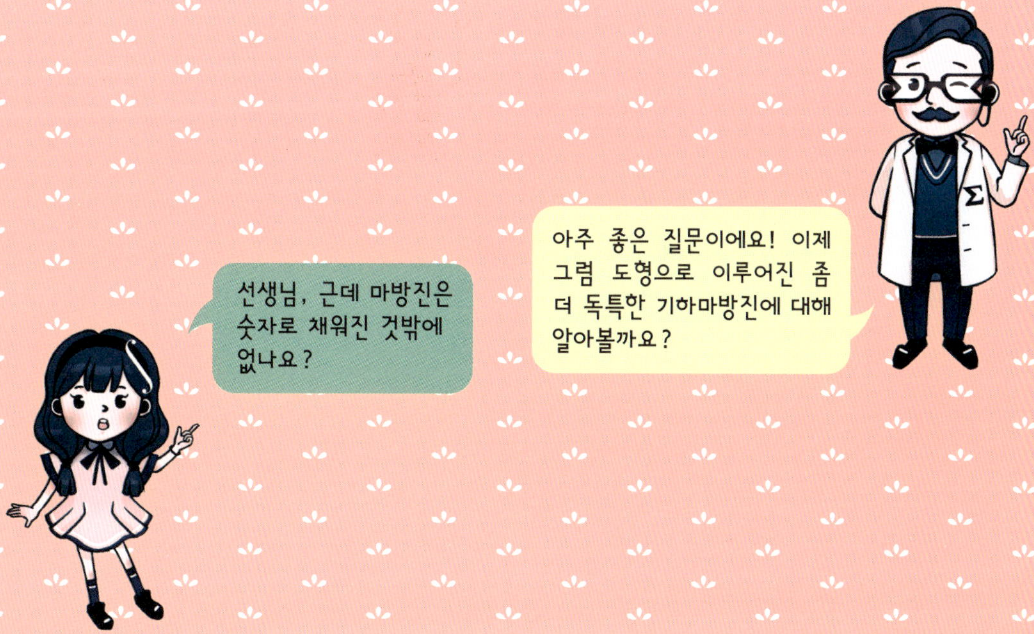
선생님, 근데 마방진은 숫자로 채워진 것밖에 없나요?
아주 좋은 질문이에요! 이제 그럼 도형으로 이루어진 좀 더 독특한 기하마방진에 대해 알아볼까요?

1 3차 기하마방진

기하적인 도형으로 이루어진 마방진 또한 찾아볼 수 있는데 3차 기하마방진의 기본 공식은 그림 1과 같습니다.

c+a	c−a−b	c+b
c−a+b	c	c+a−b
c−b	c+a+b	c−a

그림 1

작은 직사각형을 a, 작은 반원을 b, 큰 정사각형을 c로 정의하면 그림 2와 같은 결과를 얻을 수 있습니다.

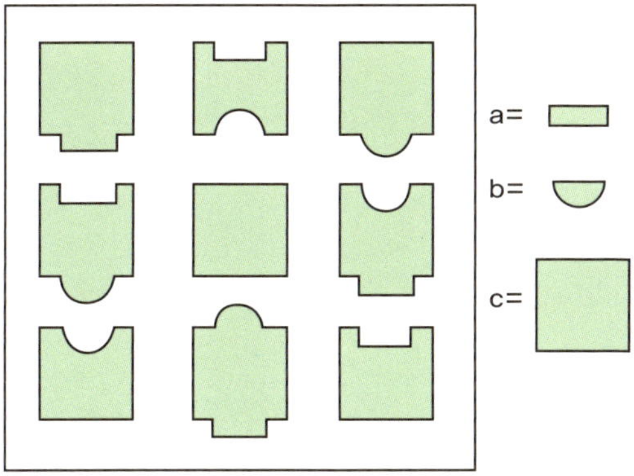

그림 2

행1, 행3, 열1, 열3, 대각1, 대각2는 모두 c의 정사각형을 3개 이어붙인 것과 같은 모양을 만들 수 있죠. 행2와 열2의 경우, 넓이는 c의 정사각형 3개와 같으나 모양을 같게 해주기 위해서는 자르고 붙이는 과정이 추가로 필요합니다. 그림 3에서는 자르고 붙이는 과정 없이 모양과 넓이가 모두 같아지는 기하마방진을 살펴보도록 합시다.

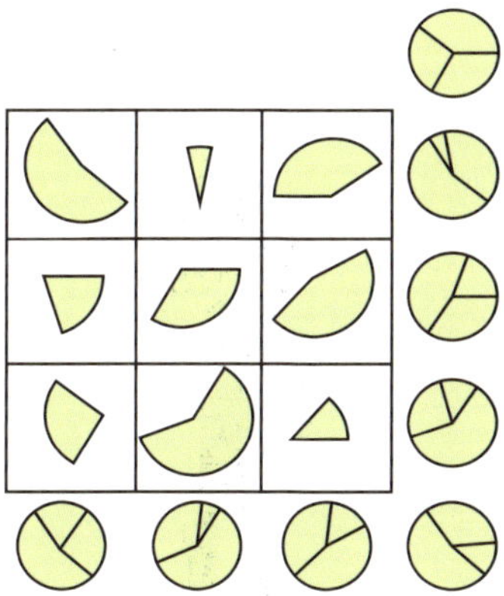

그림 3

190°	20°	190°
80°	120°	160°
90°	220°	90°

그림 4

그림 3에서는 c를 각이 120°인 부채꼴로 정의합니다. a와 b 또한 부채꼴로 정의하는데 이때 각의 크기는 중요하지 않습니다. 편의를 위해 a는 70°인 부채꼴로, b는 30°인 부채꼴로 정의합시다.

그림 4에서 확인할 수 있듯이 가로 세로 대각의 합은 모두 360도를 이루고 모두 같은 크기의 반지름을 가진 부채꼴이기 때문에 원을 이루게 됩니다.

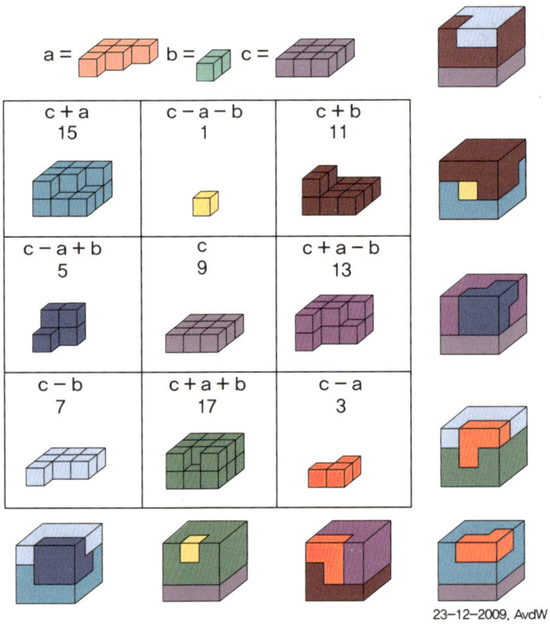

그림 5 Lee Sallows 제안

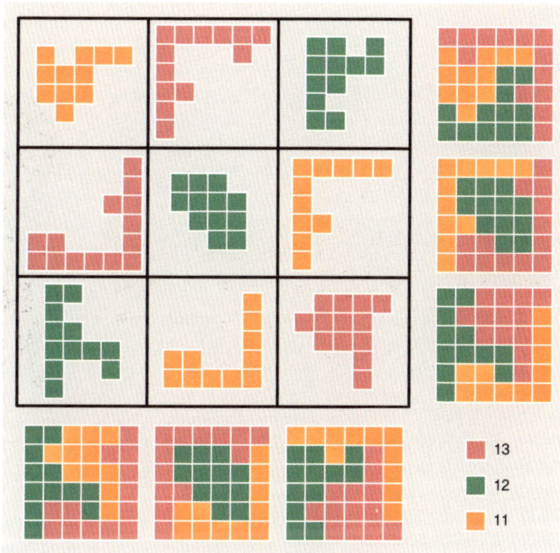

그림 6 Lee Sallows 제안

11	13	12
13	12	11
12	11	13

그림 7

그림 6은 그림 7의 라틴 마방진을 기하적으로 표현한 것인데, 빨간색이 13칸, 초록색이 12칸, 노란색이 11칸으로 가로 세로의 합이 36을 이루게 됩니다.

그림 6에서는 변이 6인 정사각형으로 나타나게 됩니다.

2 4차 기하마방진

그림 8은 여러 가지 4차 마방진들 중 널리 알려진 뒤러의 마방진인데 이로부터 그림 9의 공식을 얻을 수 있습니다.

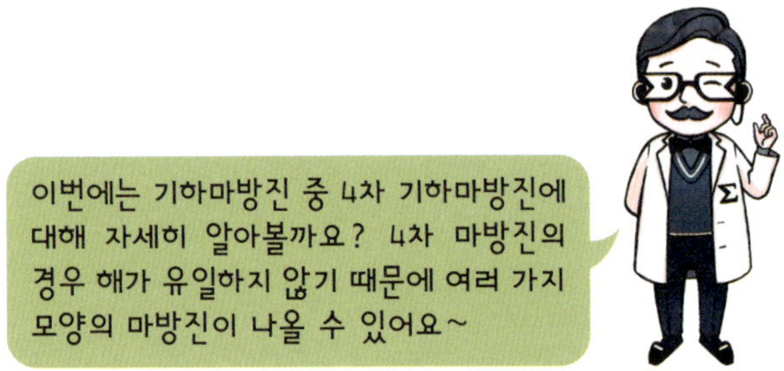

16	3	2	13
5	10	11	8
9	6	7	12
4	15	14	1

그림 8

A+p+q	A−q−r	A−p−s	A+r+s
A−q+r	A−p+q	A−r+s	A+p−s
A−p+s	A+r−s	A+p−q	A+q−r
A−p−s	A+p+s	A+q+r	A−p−q

그림 9

그림 9에서 $A=8.5$, $p=3$, $q=4.5$, $r=1$, $s=3.5$를 넣으면 그림 8의 결과를 얻을 수 있습니다.

그림 10 Lee Sallows 제안

그림 11의 4차 기하마방진은 두 종류의 4차 마방진을 겹쳐 만든 것이에요~ 정말 요상하게 생기지 않았나요? 그렇지만 이 마방진에도 규칙이 있답니다. 가로, 세로, 대각의 합을 살펴보면, 도형의 합은 25칸짜리 정사각형을 이루며 영어로 써진 숫자들의 합은 44가 되는 것을 확인할 수 있어요.

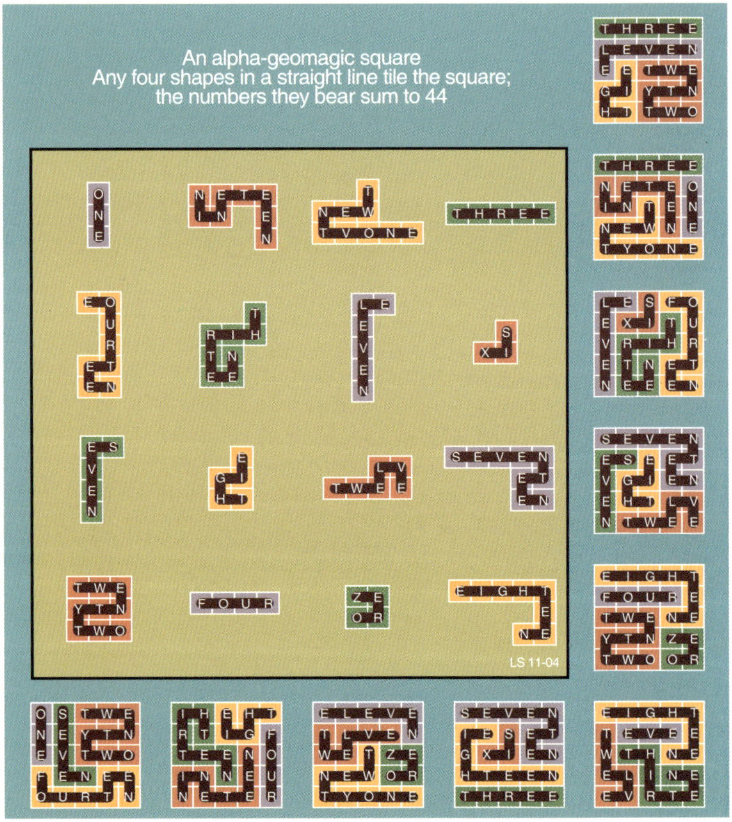

그림 11 Lee Sallows 제안

탐구문제 자신만의 3차 혹은 4차 기하마방진을 만들어 보아요.

더 많은 기하 마방진을 알고 싶은 사람은 리 샐로우스(Lee Sallows)의 기하 마방진(Geometric Magic Squares, ISBN-13: 978-0-486-48909-4)의 책을 읽어보거나 그의 웹사이트(http://www.geomagicsquares.com/)를 참고하면 좋아요.

12 교시
프랭클린 마방진

정말 마방진은 알면 알수록 수수께끼 같은 매력이 있는 것 같아요!

자, 그럼 진짜 마지막으로 플랭클린 마방진에 대해 알아볼까요? 플랭클린 마방진은 다들 예상했듯이 벤자민 플랭클린이라는 사람이 발견 했답니다. 먼저 플랭클린이 어떤 사람인지 알려줄게요!

피뢰침을 발명한 과학자이자 미국 독립선언서를 작성한 정치가였던 벤자민 프랭클린 (Benjamin Franklin, 1706~1790)은 특이한 8차 마방진을 만들어낸 수학자이기도 했습니

다. 동시에 그는 철저한 계몽 사상가인 철학자이기도 하였고, 젊은 시절엔 인쇄소와 출판사를 운영한 경영자이기도 하였습니다. 그는 평소에 항상 수첩에 일정과 아이디어를 작성하여 철저하게 관리한 것으로 유명합니다. 시중에서 많이 파는 '프랭클린 다이어리'가 벤자민 프랭클린이 일정을 관리하던 방식을 적용한 다이어리입니다. 미국 지폐에 나오는 사람 중 대통령이 아니었던 사람이 2명이 있는데, 그 중 한명이 바로 100달러 지폐에 그려진 벤자민 프랭클린입니다. 나머지 한 사람은 10달러 지폐에 그려진 알렉산더 해밀턴(Alexander Hamilton, 1755~1804)으로 미국의 법률가이자 정치인, 재정가였습니다. 벤자민 프랭클린은 1845년 미국 최초의 우표에도 등장하였습니다. 그만큼 그가 미국에서 영향력 있는 사람이었던 것입니다.

100달러 지폐와 5센트짜리 미국 우표에 그려진 벤자민 플랭클린

이렇게 훌륭한 플랭클린은 1750년에 신비로운 8차 마방진을 발견했어요. 이 플랭클린의 마방진은 일반적인 마방진보다 많은 규칙성을 담고 있답니다. 그 중 놀라운 것이 바로 '대칭성' 인데, 어쩌면 플랭클린 자신도 방진 속에 담겨 있는 대칭성을 다 찾지 못했을 수도 있어요. 라리와 한이가 한번 찾아볼까요?

프랭클린 마방진은 가로, 세로 합은 260이지만 대각선의 합은 이와 일치하지 않아 마방진이라고 할 수 없기 때문에 '프랭클린 방진'이라고도 불립니다. 그러나 프랭클린 방진에는 경이로운 패턴들이 많아서, 그가 세상을 떠난 후로도 대칭성을 비롯해 어떠한 성질이 연달아 발견되는 수학적인 대상을 뜻하는 말로도 쓰여 왔습니다. 다음은 프랭클린 방진입니다.

52	61	4	13	20	29	36	45
14	3	62	51	46	35	30	19
53	60	5	12	21	28	37	44
11	6	59	54	43	38	27	22
55	58	7	10	23	26	39	42
9	8	57	56	41	40	25	24
50	63	2	15	18	31	34	47
16	1	64	49	48	33	32	17

플랭클린 8차 방진

플랭클린 방진은 가로, 세로의 합이 260이 돼요! 특이하게도 2×2 사각형의 4개의 숫자합과 가로와 세로의 절반 4개의 숫자합은 모두 260/2 = 130이 되네요?

가로, 세로 이외에 8개의 숫자의 합이 260이 되는 조합의 패턴은 다음과 같습니다.

52	61	4	13	20	29	36	**45**
14	**3**	62	51	46	35	**30**	19
53	60	**5**	12	21	**28**	37	44
11	6	59	**54**	**43**	38	27	22
55	58	7	10	23	26	39	42
9	8	57	56	41	40	25	24
50	63	2	15	18	31	34	47
16	1	64	49	48	33	32	17

52	61	4	13	20	29	36	45
14	**3**	**62**	**51**	**46**	35	30	19
53	**60**	**5**	**12**	**21**	28	37	44
11	6	59	54	43	38	27	22
55	58	7	10	23	26	39	42
9	8	57	56	41	40	25	24
50	63	2	15	18	31	34	47
16	1	64	49	48	33	32	17

52	61	4	13	20	29	36	**45**
14	3	62	51	46	35	30	19
53	60	5	12	21	28	37	44
11	6	59	**54**	**43**	38	27	22
55	58	7	**10**	**23**	26	39	42
9	8	57	56	41	40	25	24
50	63	2	15	18	31	34	47
16	1	64	49	48	33	32	**17**

52	61	4	13	20	29	36	**45**
14	3	62	51	46	35	30	19
53	60	5	**12**	**21**	28	37	44
11	6	59	54	43	38	27	22
55	58	7	10	23	26	39	42
9	8	57	**56**	**41**	40	25	24
50	63	2	15	18	31	34	47
16	1	64	49	48	33	32	**17**

52	61	4	13	20	29	36	**45**
14	3	62	**51**	**46**	35	30	19
53	60	5	12	21	28	37	44
11	6	59	54	43	38	27	22
55	58	7	10	23	26	39	42
9	8	57	56	41	40	25	24
50	63	2	**15**	**18**	31	34	47
16	1	64	49	48	33	32	**17**

52	61	4	**13**	**20**	29	36	**45**
14	3	62	51	46	35	30	19
53	60	5	12	21	28	37	44
11	6	59	54	43	38	27	22
55	58	7	10	23	26	39	42
9	8	57	56	41	40	25	24
50	63	2	15	18	31	34	47
16	1	64	**49**	**48**	33	32	**17**

52	61	4	13	20	29	36	**45**
14	3	62	51	46	35	30	**19**
53	60	5	12	21	28	37	44
11	6	59	54	43	38	27	22
55	58	7	10	23	26	39	42
9	8	57	56	41	40	25	24
50	63	2	15	18	31	34	**47**
16	1	64	49	48	33	32	**17**

52	**61**	4	13	20	29	**36**	45
14	**3**	62	51	46	35	**30**	19
53	60	5	12	21	28	37	44
11	6	59	54	43	38	27	22
55	58	7	10	23	26	39	42
9	8	57	56	41	40	25	24
50	**63**	2	15	18	31	**34**	47
16	**1**	64	49	48	33	**32**	17

52	61	**4**	13	20	**29**	36	45
14	3	**62**	51	46	**35**	30	19
53	60	5	12	21	28	37	44
11	6	59	54	43	38	27	22
55	58	7	10	23	26	39	42
9	8	57	56	41	40	25	24
50	63	**2**	15	18	**31**	34	47
16	1	**64**	49	48	**33**	32	17

52	61	4	13	20	29	36	45
14	3	62	51	46	35	30	**19**
53	60	5	12	21	28	37	**44**
11	6	59	54	43	38	27	22
55	58	7	10	23	26	39	42
9	8	57	56	41	40	25	**24**
50	63	2	15	18	31	34	**47**
16	1	64	49	48	33	32	17

52	61	4	13	20	29	36	45
14	**3**	62	51	46	35	**30**	19
53	**60**	5	12	21	28	**37**	44
11	6	59	54	43	38	27	22
55	58	7	10	23	26	39	42
9	**8**	57	56	41	40	**25**	24
50	**63**	2	15	18	31	**34**	47
16	1	64	49	48	33	32	17

52	61	4	13	20	29	36	45
14	3	**62**	51	46	**35**	30	19
53	60	**5**	12	21	**28**	37	44
11	6	59	54	43	38	27	22
55	58	7	10	23	26	39	42
9	8	**57**	56	41	**40**	25	24
50	63	**2**	15	18	**31**	34	47
16	1	64	49	48	33	32	17

52	**61**	4	13	20	29	**36**	**45**
14	3	62	51	46	35	30	19
53	60	5	12	21	28	37	44
11	6	59	54	43	38	27	22
55	58	7	10	23	26	39	42
9	8	57	56	41	40	25	24
50	63	2	15	18	31	34	47
16	**1**	64	49	48	33	**32**	**17**

52	61	4	13	20	29	36	45
14	3	62	51	46	35	30	19
53	60	5	12	21	28	37	44
11	6	59	**54**	**43**	38	27	**22**
55	58	7	**10**	**23**	26	39	**42**
9	8	57	56	41	40	25	24
50	63	2	15	18	31	34	47
16	1	64	49	48	33	32	17

52	**61**	**4**	13	20	29	36	45
14	3	62	51	46	35	30	19
53	60	5	12	21	28	37	44
11	**6**	**59**	54	43	38	27	22
55	**58**	**7**	10	23	26	39	42
9	8	57	56	41	40	25	24
50	63	2	15	18	31	34	47
16	**1**	**64**	49	48	33	32	17

52	61	**4**	13	20	**29**	36	**45**
14	**3**	62	51	46	35	**30**	19
53	60	5	12	21	28	37	**44**
11	6	59	54	43	38	27	22
55	58	7	10	23	26	39	42
9	8	57	56	41	40	25	24
50	63	2	15	18	31	34	47
16	1	64	49	48	33	32	17

52	**61**	4	13	20	29	**36**	45
14	3	62	51	46	35	30	**19**
53	60	5	12	21	28	37	44
11	6	59	54	43	38	27	22
55	58	7	10	23	26	39	42
9	8	57	56	41	40	25	24
50	63	2	**15**	**18**	31	34	47
16	1	**64**	49	48	**33**	32	17

52	61	4	13	20	29	36	**45**
14	3	62	51	46	35	30	19
53	60	5	12	21	28	37	44
11	6	59	54	43	38	27	22
55	58	7	10	23	26	39	42
9	8	57	**56**	**41**	40	25	24
50	63	**2**	15	18	**31**	34	47
16	**1**	64	49	48	33	**32**	17

52	61	4	13	20	29	36	45
14	3	62	51	46	35	30	19
53	60	5	12	21	28	37	44
11	6	59	54	43	38	27	22
55	58	7	10	23	26	39	42
9	8	57	56	41	40	25	24
50	63	2	15	18	31	34	47
16	1	64	49	48	33	32	17

52	61	4	13	20	29	36	45
14	3	62	51	46	35	30	19
53	60	5	12	21	28	37	44
11	6	59	54	43	38	27	22
55	58	7	10	23	26	39	42
9	8	57	56	41	40	25	24
50	63	2	15	18	31	34	47
16	1	64	49	48	33	32	17

탐구문제 프랭클린이 한 다른 마방진에 대해서 찾아보고 토론해 봅시다.